Jörg Zink im Gespräch mit Meinold Krauss

Jörg Zink

im Gespräch mit Meinold Krauss

Binde deinen Karren an einen Stern

Kreuz Verlag

Die Deutsche Bibliothek – CIP-Einheitsaufnahme

Zink, Jörg:
Jörg Zink im Gespräch mit Meinold Krauss; Binde deinen Karren an einen Stern: [diesem Buch liegt die Sendung des ZDF »Zeugen des Jahrhunderts« zugrunde]. – Stuttgart: Kreuz-Verl., 1995
ISBN 3-7831-1402-0
NE: Krauss, Meinold:

Diesem Buch liegt die Sendung des ZDF
»Zeugen des Jahrhunderts« zugrunde.
Redaktion: Ingo Hermann

1 2 3 4 5 99 98 97 96 95

Postfach 80 06 69, 70506 Stuttgart, Tel.: 0711-78 80 30
Umschlaggestaltung: Jürgen Reichert
Foto auf der Umschlagrückseite: Georgios Anastasiades
Satz: Jung, Satzteam, Lahnau
Druck und Bindung: Clausen & Bosse, Leck

ISBN 3-7831-1402-0

Inhalt

Zeitgenossenschaft

M. K.: Herr Dr. Zink, man hat Sie einmal gefragt, wer oder was Sie seien, als was oder wer Sie sich verstünden. Da haben Sie nicht geantwortet: »Ich bin ein Pfarrer«, oder: »Ich bin ein Schriftsteller«, sondern: »Ich bin ein Zeitgenosse.« Wie kommen Sie auf diese Selbstbezeichnung?

J. Z.: Ich komme auf diese Bezeichnung, weil es das Grundlegende ist, das ich erfahren habe, als ich wissen wollte, wer ich eigentlich bin. Ich bin im Jahr 1922 geboren. Heute haben wir das Jahr 1995. Wer 1922 geboren ist, ist nun einmal auf alle Fälle, was immer er sonst denken und reden und tun mag, ein Zeitgenosse all derer, die ihre Kindheit in der Zeit nach dem Ersten Weltkrieg verbrachten, ihre Jugend im Reich Adolf Hitlers, ihre Jahre als junge Erwachsene in einem ungeheuren Krieg, und die, falls sie diesem Krieg nicht zum Opfer fielen, seitdem fünfzig Jahre lang ihren Weg gingen. Er ist ein Zeitgenosse all der jungen Frauen, die in diesem Krieg ihre Freunde oder ihre Männer verloren. Er ist ein Zeitgenosse all der Namenlosen und Ungenannten, die damals verfolgt, vertrieben oder vergast wurden. Ein Zeitgenosse auch all derer, die die furchtbaren Verbrechen jener Zeit begingen.

Heinrich Mann hat einmal ein Buch geschrieben mit dem Titel: »Ein Zeitalter wird besichtigt«. Genau das meine ich nicht, wenn ich mich als Zeitgenossen bezeichne. Ich lebe ja nicht, um zu besichtigen. Ich bin selbst mitten in all dem, was es zu besichtigen gibt. Ich lebe mitten in meiner Zeit, und besser als seine Zeit zu besichtigen ist allemal, an ihr zu leiden. Das will sagen: zu leiden mit all den Menschen, denen diese Zeit auferlegt ist. Ich habe doch teil an allem, was sie sich vornehmen, und an allem, was ihnen mißlingt. Ich kann nicht so tun, als sei ich an irgend etwas, was heute geschieht, unbeteiligt.

Ich bin ein Zeitgenosse natürlich auch all derer, die in meiner Jugend ein halbes Jahrhundert älter waren, und all derer, die heute ein halbes Jahrhundert jünger sind. All ihrer Schicksale. Wer sich als Zeitgenosse versteht, kann von keinem Menschen dieser Erde sagen, er gehe ihn nichts an. Er ist in seiner Zeit verwurzelt, er hat an allen Verbrechen, an allen Erfindungen und Kulturleistungen und an allen Katastrophen Anteil. Wenn er die Ratlosigkeit und Weglosigkeit der Menschen seiner Zeit wahrnimmt, wird er nachdenken. Wenn er etwas zu sagen hat, wird er reden. Wenn er die Gefahren sieht, die dieser Erde oder dieser Menschheit drohen, wird er seine Stimme erheben, auch wenn er weiß, daß er mit seiner kleinen Kraft und seiner kleinen Stimme nichts bewirken wird.

M. K.: Aber wird er sich mit all dem nicht hoffnungslos überfordern?

J. Z.: Er würde sich überfordern, wenn er etwa mit Hamlet sagen würde:

»Die Welt ist aus den Fugen. Schmach und Gram,
daß ich zur Welt, sie einzurichten, kam.«

Nein, er wird seinen Platz suchen zwischen der schlechten Möglichkeit, das Dasein zu besichtigen, und der anderen schlechten Möglichkeit, die Welt einzurichten. Und dort wird er in erster Linie wahrnehmen, wer er selbst ist. Ob er etwas bewirken kann für die Menschen, die seine Zeitgenossen sind, mag noch lange dahingestellt sein. Wenn in unserer Zeit so unzählig viele Menschen nicht wissen, wer sie sind, wenn sie ihre eigene Identität nicht zu fassen bekommen, dann liegt das wohl weniger daran, daß sie nicht lange genug ihre eigene Seele erkundet haben, sondern daran, daß sie nicht sehen, an welche Aufgaben ihre Zeit sie gestellt hat.

M. K.: An welche Aufgaben hat Ihre Zeit Sie gestellt?

J. Z.: Davon wäre lange zu reden.

M. K.: Wir wollen es versuchen.

1
Kindheit in Hitlers Reich

M. K.: Ehe wir von den Aufgaben reden, die Ihnen Ihre Zeit gestellt hat, möchte ich den Ort bestimmen, an dem Sie selbst gestanden haben. Wo lag denn in dem rastlosen Geschehen dieses Jahrhunderts Ihr eigener Ausgangspunkt?
J. Z.: Er lag in der Zeit, als nach der Katastrophe des Ersten Weltkriegs die Menschen erstmals zu begreifen begannen, was geschehen war. Damals erschien das Werk des Geschichtsphilosophen Oswald Spengler, das den Titel trug: »Der Untergang des Abendlandes«. Spengler versuchte damals nachzuweisen, daß die Geschichte des Menschen auf dieser Erde in Zyklen verlaufe, die von der Blüte zur Reife und zum Verfall führten. Er versuchte damals zu zeigen, daß die genau tausendjährige Geschichte des Abendlandes und seiner Kultur mit dem Ersten Weltkrieg zu Ende gegangen sei. Die Schöpferkraft der abendländischen Kultur sei erloschen. Es folge nur noch der Verfall. Ob Spengler damit recht hatte, sei dahingestellt, er hat jedenfalls dem Lebensgefühl und dem Katastrophenbewußtsein der damaligen Zeit einen genauen Ausdruck verliehen. Sein Werk erschien 1918–1922. Und 1922 bin ich geboren.

M. K.: Und wie hat sich diese Zeitsituation in Ihrer Kindheit niedergeschlagen?
J. Z.: Sie hat sich niedergeschlagen in einem Versuch sehr junger Menschen, meiner Eltern und ihrer Freunde, dem allgemeinen Zusammenbruch etwas Eigenes und etwas Neues entgegenzusetzen. Man kann heute überhaupt nicht mehr ermessen, was damals dazu gehört hat, zu sagen: Wir sehen noch eine Zukunft. Wir sehen sogar noch eine bessere Zukunft. Wir müssen uns ihr nur zur Verfügung stellen. Wir müssen sie begreifen. Wir müssen für sie träumen, für sie reden, für sie kämpfen. Die alte Welt ist in einem Krieg zusammengebrochen. Wir wollen dem Frieden Zugang verschaffen zu unserem Land und zu den Menschen. Die Stände der Adligen, der Bürger und der Proletarier gibt es nicht mehr, wir wollen dafür kämpfen, daß eine neue, gerechte Ge-

sellschaft entsteht. Die Menschen haben die Verbindung mit der Erde verloren, wir wollen ihnen helfen, in ihr einzuwurzeln. Der Kampf aller gegen alle ist in seiner ganzen Sinnlosigkeit entlarvt. Wir wollen, daß die Menschen zusammenkommen, miteinander leben, miteinander denken, miteinander sich dem Gemeinsamen verpflichten. Die Großkirchen mit ihrer verhängnisvollen Bindung an die Regierenden, die Kaiser und die Könige und die Barone sind unglaubwürdig geworden, wir wollen das eigentliche, das echte, das ursprüngliche Christentum wiederfinden und wieder praktizieren in kleinen, verpflichtenden Gemeinschaften. Und wir wollen glauben, daß das die Zukunft ist. Als sie sich 1918 auf diesen Weg gemeinsam einließen, war mein Vater sechsundzwanzig, meine Mutter einundzwanzig Jahre alt.

M. K.: Das alles sind große Absichten und gute Gedanken, aber konnten sie damals eine praktische Gestalt annehmen?

J. Z.: O ja. Meine Eltern und ihre Freunde wollten nicht diskutieren. Sie wollten aus ihren Erfahrungen praktische Konsequenzen ziehen. Meine Eltern kamen aus einfachen Verhältnissen. Sie hatten kein Geld. Aber dann kauften sie mit einem Kredit einen ärmlichen Bauernhof im hessischen Bergland, bei Schlüchtern, den Habertshof. Das war ein Hof ohne elektrisches Licht und ohne Wasserversorgung; und die Äcker, die dazugehörten, waren karg und der Kälte ausgesetzt. Das war 1919. Dort sammelten meine Eltern einen kleinen Freundeskreis und gründeten mit ihm zusammen eine Art Kommunität. Sie gaben sich in aller Einfachheit eine Ordnung, die für den einzelnen Besitzlosigkeit vorsah, gemeinsame Arbeit, gemeinsames Eintreten für die vorhin genannten Ziele. Mein Vater war Gärtner, meine Mutter Erzieherin. Sie lebten danach als Bauern und arbeiteten sich mit ungeheurem Einsatz durch den schweren Anfang bis zu einem Punkt hindurch, an dem es scheinen konnte, als sei ihrem Versuch das Gelingen, die Blüte beschieden.

M. K.: Stand dieser Aufbruch in irgendeinem Zusammenhang mit anderen Aufbrüchen jener Zeit? Gab es in der Zeit nach dem Ersten Weltkrieg auch andere Versuche dieser Art?
J. Z.: Nichts steht ganz allein und ohne Zusammenhang in der Landschaft oder ohne irgendeine Verbindung mit etwas, das früher war. Der Geist dieses Versuchs stand im Zusammenhang mit der Jugendbewegung von damals, mit ihrer großen und bekannten Tagung auf dem Hohen Meißner 1913. Und als 1922 auf demselben Hohen Meißner die zweite große Tagung stattfand, unter der Leitung des jungen Pfarrers Hermann Schafft, da hielt meine Mutter dort die Rede für die Frauen, über ihre Vorstellungen von der Erneuerung der zusammengebrochenen Gesellschaft und über die künftige Freiheit der Frau.

M. K.: Aber ähnliche Versuche einer Kommunität sind damals nicht entstanden?
J. Z.: O doch. Aus der Reform der Erziehung gingen damals neue, freiheitliche Schulen hervor, aus der Neubesinnung auf das Unverlierbare an der kulturellen Tradition neue Verlage, und aus der Neubesinnung auf das Wesentliche am Christentum eine Anzahl von Kommunitäten, auch im näheren Umkreis des Hofs meiner Eltern. Die Gemeinschaft um Eberhard Arnold begann ein Jahr später, 1920, im nahegelegenen Sannerz, und diese Gemeinschaft bestand, bis die Nazis sie 1937 auflösten und die Mitglieder nach Amerika auswanderten. Gemeinsam ist diesen Versuchen ein leidenschaftlicher Pazifismus, eine hingebende Liebe zur Erde und zur Arbeit an ihr und ein tiefer Sinn für Gerechtigkeit. So hat sich der Freundeskreis um meine Eltern auch mit dem christlichen Sozialismus, der damals vor allem in der Schweiz aufkam, verbunden.

M. K.: Ist dieses Unternehmen gelungen?
J. Z.: Anfangs durchaus. In der Zeit, als ich zur Welt kam, 1922, stand neben dem Bauernhaus ein zweites, in dem meine Mutter

verlassene Kriegskinder aufnahm. Mein Vater hatte sich mit der neuen, von der Jugendbewegung inspirierten Verlagsidee verbunden und die Anfänge des Neuwerk-Verlags ins Haus geholt, anfangs durchaus mit gutem Erfolg. Und die Gemeinschaft wuchs. Immer wieder stand einer vor der Tür, der aus dem Krieg noch nicht wieder zu einem normalen Leben gefunden hatte, mit seinen Erfahrungen nicht fertig wurde, und wurde aufgenommen, obwohl manche davon nie zu arbeiten gelernt hatten und der Gemeinschaft nur zur Last fielen.

Aber die Idee zündete auch in den Kreisen der damaligen Jugendbewegung und in kirchlichen Kreisen, die einen Neuanfang auch der Kirche und Theologie erhofften. Durch etwa fünf Jahre hin war die Gemeinschaft um meine Eltern ein Kristallisationspunkt für viele andere, die Ähnliches suchten aus den Kreisen der neuen Schulen, aus den Kreisen von Schriftstellern und Verlegern wie Otto Salomon oder Eugen Diederichs und seine Frau Lulu von Strauß und Torney, aus Künstlerkreisen etwa Heinrich Vogeler, dem Jugendstil-Maler, aus religiösen Kreisen Martin Buber, aus dem Umkreis der religiösen Sozialisten der Schweiz Leonhard Ragaz. Aber auch Karl Barth, Günther Dehn, Karl Heim, Paul Tillich und viele andere stehen im Gästebuch meiner Eltern, das ich heute noch hüte.

Pazifistische Gedanken, Gedanken einer neuen Erziehung, eines neuen engagierten Verlagswesens, sozialer Erneuerung, demokratischen Neuanfangs und Erneuerung der Kirche verbanden sich in einem weit ausgreifenden Freundeskreis. Mein Vater war, wie gesagt, mit dem Aufbau des Neuwerk-Verlags beschäftigt. Und das Erstaunliche: Er hatte eine sehr schmale Volksschulbildung, meine Mutter desgleichen. Es gab in meiner Familie in den Jahrhunderten, die wir zurückverfolgen können, keinen Akademiker, keinen Besitzenden, keinen Einflußreichen. Sie waren alle Bauern oder kleine Handwerker. Und im Grunde fühle ich selbst mich bis heute als ein Bauer, ein Mensch, der sich der Erde zuwendet, an der Erde arbeitet und mit der Erde leben will. Mit allem, was konkret ist, was mit den Händen angefaßt werden kann, auch im geistigen Umfeld.

M. K.: Die Gemeinschaft, die Ihre Eltern begründet haben, besteht heute nicht mehr. Wie lange hat sie bestanden?
J. Z.: In ihrer ursprünglichen Form nur etwa sechs Jahre. Die jungen Leute kleideten sich nach Wandervogelart. Sie galten rundum bei der Bevölkerung als »Zigeuner«. Wir würden heute sagen: Chaoten. Sie lebten anders als die Bauern um sie her, sie wollten etwas anderes, sie redeten anders, sie waren ein Fremdkörper in den Dörfern rundum. Man boykottierte sie auf den Märkten. Sie machten auch selbst wirtschaftliche Fehler. Und so hielten sie sich fünf oder sechs Jahre lang mühsam über Wasser, bis sie einfach nichts mehr zu essen hatten und ihr Unternehmen an der Not zugrunde ging. Jedenfalls brachte die Inflation den Hunger und das Ende. 1925 starb meine Mutter an der Schwindsucht. 1926 heiratete mein Vater eine zweite Frau, eine neue Mutter für seine drei Kinder, von denen ich das jüngste war, aber seine neue Ehe bestand nur gerade sechs Wochen, dann starb auch er wie meine Mutter an der Tuberkulose.

M. K.: Dann haben Sie den Hof verlassen?
J. Z.: Ja, aber schon zu Lebzeiten meines Vaters. Er ging nach dem Tod seiner Frau nach Stuttgart und trat beim Steinkopf-Verlag als Vertriebsmann ein. Nach seinem Tod im Frühjahr 1928 übernahm meine zweite Mutter, die eine Lehrerin war, in Ulm eine Stelle an einer Schule, und wir zogen nach Ulm, wir drei Jungen. Und mit uns wuchs danach ein vierter auf, der Sohn meiner zweiten Mutter.

M. K.: Noch einmal zu dem kommunitären Versuch. Wer war die führende Gestalt? Hatte sie einen »Vater« oder eine »Mutter«, wie es für die nach dem Zweiten Weltkrieg gegründeten evangelischen Kommunitäten charakteristisch war?

J. Z.: Nein. Es war alles erst am Anfang, als es zusammenbrach. Meine Mutter spielte zwar die führende Rolle, aber nicht in irgendeiner institutionalisierten Form. Es ruhte alles auf der täglichen Abstimmung der Gedanken und Einfälle, der Arbeiten und der Pläne. Es war ein mit vielen sehr lebendigen Gedanken, aber wenig stabilem Material aufgebautes Haus. Sie hatten keine Gelübde. Sie hatten nur ihre Entschiedenheit und ihre Hoffnung. Sie hatten auch keine schönen Gesänge wie die Brüder von Taizé, sondern nur ihre Lieder aus der Jugendbewegung und aus der Überlieferung der Kirche. Sie hatten nur ihren brennenden Willen, die tief kompromittierte Kirche von innen her und von unten aus zu erneuern, eine Lebensform zu finden, in der es heute möglich sein sollte, ein Christ zu sein. Sie waren extrem arm, aber sie waren überzeugt, daß man Armut am besten gemeinsam besteht. Und so war der Gedanke der Gütergemeinschaft für sie grundlegend. Ihr wichtigster biblischer Text war der, der in der Apostelgeschichte steht: »Sie hatten alle Dinge gemeinsam, und niemand sagte von seinen Gütern, sie gehörten ihm. Und jedem gaben sie, was er nötig hatte.« Dieses Bild einer armen, dicht zusammenlebenden und bis ins tägliche Bestehen von Not und Armut verbundenen Kirche, die nichts hatte als das Evangelium und die Hoffnung auf das Reich Gottes, stand ihnen vor Augen. Und ich meine, selbst wenn ein solcher Versuch mißlingt, sei er ein Zeichen der Hoffnung. Pazifismus war ihnen selbstverständlich. Gewaltlosigkeit. Die Maßstäbe der Bergpredigt. Und das alles ohne Schielen nach Erfolg. Gewaltlosigkeit fragt ja nicht, ob sie sich unter den Menschen praktisch bewähre, ob es auch gut ausgehen könne, wenn man sie versucht. Sie glaubt vielmehr, daß etwas Sinn haben kann, unabhängig davon, wie es ausgeht.

M. K.: Danach, nach dem Tode Ihrer Eltern, kamen Sie also nach Ulm. Wann war das?

J. Z.: 1928.

M. K.: Was haben Sie für Erinnerungen an jene Zeit?
J. Z.: Meinen Sie private oder Erinnerungen an die Zeitgeschichte?

M. K.: Politische werden Sie ja wohl mit sechs Jahren noch nicht gesammelt haben?
J. Z.: Warum nicht? Ich glaube, daß auch Kinder die politische Atmosphäre einatmen, in der sie leben. Ich erinnere mich, daß ich – es muß so um das Jahr 1930 gewesen sein – bei einer Demonstration mitzog mit anderen Schulkindern und daß wir dabei immerfort schrien: »Hitler verrecke! Heil Hindenburg!« Ich hätte heute ein paar andere Gesichtspunkte beizutragen als den Ruf nach dem großen Vaterbild Hindenburg, aber damals bildete sich bei mir eine Art Aufmerksamkeit auf die Figuren, die das öffentliche Leben bestimmten, und der Wille, zu ihnen ja oder nein zu sagen.

M. K.: Wie dachten damals die nächsten Menschen, mit denen Sie lebten?
J. Z.: Ich erinnere mich deutlich, wie meiner zweiten Mutter vor Hitler graute. Immer wieder hörte ich sie sagen: »Wenn Hitler kommt, dann kommt der Krieg. Dann kommt das Ende!« Und als Hitler dann da war, nach 1933, hat sie aus ihrer Verachtung für ihn nie einen Hehl gemacht. Wir waren natürlich alle in der Hitlerjugend, wir waren alle verpflichtet, den Führer zu lieben und auf das Reich zuzuarbeiten, das Großdeutsche Reich, und eines Tages für dieses Großdeutsche Reich möglichst unser Leben zu lassen. Zu Hause erlebte ich Menschen, auch Gäste meiner Mutter, die sich unverblümt gegen Hitler aussprachen. Meine Mutter wurde unzählige Male zu dem maßgebenden Nazi in unserem Stadtteil, dem »Ortsgruppenleiter«, gerufen, weil sie in der Schule irgend etwas gesagt hatte, was nicht passend war. Und sie hat uns unentwegt, auch als wir sie noch nicht so richtig verstanden, erklärt, warum eine Ideologie in der Politik ein Unglück ist. Das war das Maßgebende und das Entscheidende, und das hat später

bei uns Kindern zwar nicht zu einem Widerstand geführt, den wir geleistet hätten, wohl aber zu einer tiefgehenden Spaltung in unserem Bewußtsein, die dann später für uns wieder wichtig geworden ist. Meine zweite Mutter war eine sehr energische und klare Frau, und sie hat uns wirklich in diesem Punkt geprägt.

M. K.: Dann waren Sie in Ulm im Gymnasium?
J. Z.: Ja. Dort war ich in einem Gymnasium, das inzwischen ausgebombt war. Ich war damals kein guter Schüler, mindestens kein fügsamer. Ich hatte immer andere Interessen, immer andere Gedanken im Kopf als das, was ich in der Schule zu lernen gehabt hätte. Und ich habe ein mittelmäßiges Abitur gemacht. Ich hatte das Gefühl, es wollten zu viele Leute an mir herumerziehen, und das wollte ich nicht leiden. Ich hatte das Gefühl, ich sei ein eigener Mensch und müsse mir nicht jede Art von Erziehung gefallen lassen. Deshalb war ich auch in der Hitlerjugend kein strammer Mitmarschierer, sondern eher ein mickriger Störenfried, der es nie zu etwas Vernünftigem gebracht hat, nie zu einer Führerfigur herangewachsen ist, wie es damals Sitte und notwendig war. Und ich habe mehr allein gelebt als unter Menschen. Ich bin viel allein in die Wälder um Ulm herum gewandert, schon als Kind, und habe mein eigenes Leben geführt und mich dort wohl gefühlt. Und wenn ich in die Stadt kam oder gar in die Schule, dann war ich in der Fremde. Ich will mich nicht mit Einstein vergleichen, der ja als Kind in Ulm gelebt hat. Aber über ihn hat ein Lehrer einmal eine Beurteilung geschrieben, die ungefähr das Bild spiegelt, das meine Lehrer von mir hatten: »Schon seine bloße Anwesenheit ist geeignet, den Unterricht zu stören.«

M. K.: Kann man sagen, der Pazifismus Ihrer Eltern und der alternative Umgang mit der Erde auf jenem Hof habe Sie von klein auf so bestimmt, daß Sie dann mit zunehmendem Alter sich für den Frieden und für den Erhalt der Schöpfung engagiert haben?

J. Z.: Nein. Da gab es keine direkte Linie und keine Erfahrung, die herübergereicht hätte. Ich wußte ja gar nichts von meinen Eltern. Ich bin mit vierzig Jahren zum ersten Mal Menschen begegnet, die mit meinen Eltern in diesem Hof gelebt hatten. Ich wußte bis dahin nur sehr ungenau, was da gewesen war. Aber es gibt wohl auch durchaus unbewußte Verbindungen, eine Linie der Weitergabe von Gedanken der Eltern an ihre Kinder, die nicht aufzeigbar ist. Ich könnte natürlich schildern, was der Verlust der Mutter damals für mich bedeutet hat. Ich könnte von der sehr tiefgehenden Heimatlosigkeit reden, die ich als Kind empfunden habe, und von der Deutlichkeit, mit der ich die Bedrohtheit allen Lebens auf dieser Erde gesehen habe. Auch von der Traurigkeit darüber, wie die Erde – die ja für Kinder und Jugendliche häufig so etwas wie eine Mutter ist – mißhandelt wird von den Menschen und wie sie an deren Brutalität zugrunde geht. Wahrscheinlich kam auch meine Abneigung gegen den Krieg und alles Macht- und Imponiergehabe unter Politikern aus dieser Wurzel. Immerhin, wie mein Vater aus den Materialschlachten des Ersten Weltkriegs gekommen war, so habe ich dreißig Jahre später erlebt, wie von vierhundert Fliegerkameraden alle bis auf drei abstürzten, wie sie verbrannten oder von Flakgranaten zerrissen wurden. Es war nicht so zufällig, daß ich schon von den fünfziger Jahren an mich gegen die Wiederbewaffnung Westdeutschlands einsetzte, dann gegen die Kalte-Kriegs-Gesinnung und die Abschottung zwischen Ost und West sowie schließlich gegen die Nachrüstung in den achtziger Jahren. Oder daß ich schon von 1965 an im Deutschen Fernsehen Filme gebracht habe über die Zerstörung der Erde und ihrer Biosphäre. Das alles mag in irgendeinem unbewußten Zusammenhang mit dem gestanden haben, was meine Eltern gewollt hatten. Als ich aber später mit etwa vierzig Jahren diese meine Herkunft genauer kennenlernte, war diese Verbindung für mich eine wichtige Bestätigung.

M. K.: Sie haben das Hitlerreich von Ihrem elften Lebensjahr an miterlebt. Wie standen Sie damals als Jugendlicher zur Hitlerschen Ideologie?

J. Z.: Ungeheuer gespalten. Unsere ganze Generation, soweit sie überhaupt kritisch nachgedacht hat, auch die unserer Eltern und Großeltern, hat damals in dieser merkwürdigen Gespaltenheit gelebt. Wir Jungen haben in der Hitlerjugend auf den Krieg trainiert. Wir haben uns körperlich fit gemacht, um Soldaten sein zu können. Wir wurden geistig präpariert auf den Heldentod. Andererseits habe ich den Kasernenhofdrill, der schon uns Fünfzehnjährigen aufgezwungen wurde, für sinnlos und absurd gehalten. Gleichwohl hat mich der Gedanke vom großen Deutschen Reich damals sehr bewegt, und ich war bereit, das Meine für dieses Reich zu tun und zu geben. Auf der anderen Seite gab es zehn Minuten zu Fuß von unserem Haus in den ersten Jahren des Dritten Reiches ein KZ, und wir alle wußten, was ein KZ sei, und unsere Mutter wurde nicht müde, uns die Unmenschlichkeit dieses Staates zu zeigen. Auf der einen Seite bewunderten wir Jungen den großen Führer, als er seine großen politischen und später seine militärischen Siege errang, und hielten ihn für einen begnadeten Staatsmann und Strategen. Auf der anderen Seite erlebten wir die »Kristallnacht« mit den brennenden Synagogen und den geplünderten jüdischen Geschäften und mußten unserer Mutter recht geben, wenn sie sagte, dies könnten nur Verbrecher tun. Und wir staunten über die Tatsache, daß keine Zeitung von einem Pogrom sprach, daß kein Staatsanwalt anklagte, kein Richter der Sache nachging, und daß nur in unserer kleinen Kirche der Pfarrer schüchtern andeutete, er habe gegen diese Vorgänge etwas einzuwenden.

Dann wurden wir Soldaten. Ich wurde Flieger und bin immer mit Begeisterung geflogen, jahrelang, mit großer Begeisterung. Der Krieg, den wir zu führen hatten, war im Grunde ein Ritterspiel. Wir hatten nie den Dreck der Ostfront, wir hatten nie den Schmutz des Nahkampfs oder der Erschießung von Dorfbewohnern, sondern wir führten einen fairen Kampf zwischen Fliegern und Fliegern. Wir fanden das damals gut.

Auf der anderen Seite habe ich schon 1943 in einem Brief, den ich nach Hause schrieb und der mir erhalten ist, geschrieben: »Es ist unmöglich, wir dürfen diesen Krieg nicht gewinnen. Es wäre ein Unglück für die ganze Menschheit und nicht nur für uns.« In unserer Schulklasse gab es Leute, die später der Weißen Rose angehörten, ein junges, hübsches, blondes Mädchen etwa, das damals eine Schulfreundin von mir war und für das ich geschwärmt habe, so mit sechzehn. Als die später vor dem Blutrichter Freisler standen, vor dem Volksgerichtshof und manche davon zum Tode verurteilt wurden, da habe ich gefunden, daß sie eigentlich den richtigen Weg gingen und ich den falschen. Auf der anderen Seite sah man, wie die Heimat zerbombt wurde und wie man alles tun mußte, um diese Gefahr, diese tödliche Gefahr für Millionen Menschen abzuwehren. Und man hat deshalb das Recht in Anspruch genommen, auf andere zu schießen, und die Pflicht empfunden, sich abschießen zu lassen. Es war eine ungeheure Gespaltenheit, in der wir gelebt haben. Die war wahrscheinlich ein Merkmal der damaligen Zeit, das sich nur die meisten nicht klargemacht haben.

M. K.: Schon für meine Generation ist das schwer vorstellbar. Und unter denen, die heute jung sind, kann das kaum einer verstehen.

J. Z.: Wer das heute nicht mehr versteht oder verstehen will, wer heute den Kopf darüber schüttelt, der frage sich bitte ernsthaft, was er täte, wenn er vor der Wahl stünde, ob er leben wolle oder geköpft werden. Wir wollten leben, und das hat durchaus sein Recht, auch wenn wir es wollten um den Preis unserer Übereinstimmung mit uns selbst.

Ein Soldat kann immer hoffen, es werde ihn nicht treffen. Wer hingegen im Hitlerreich in den Widerstand ging, hatte kaum die Chance zu überleben. Und wir wollten, wie es das Recht jedes jungen Menschen ist, leben.

M. K.: Und wie haben Sie das Ende des Kriegs erlebt?
J. Z.: Als der Krieg aus war, stand ich im Gefangenenlager vor einem schwarzen Brett und las die Aufschrift »Deutschland hat kapituliert, der Krieg ist aus«. Damals stand ich lange davor und dachte: So, das ist ein Punkt, der ist jetzt gesetzt. Ab heute bist du, bitte schön, aus einem Stück. Ab heute teilst du nicht mehr zwischen dem, was du politisch tust, und deinem eigenen inneren Maß. Du bist ein Mensch und nicht zwei und hast alles, was du tust, auf allen Ebenen zugleich und nach den gleichen Gesichtspunkten zu beurteilen. Wenn man sich später gewundert hat, daß ich als Pfarrer auch zu politischen Dingen rede – das wurde mir sehr oft übelgenommen –, dann lag der Grund eben darin, daß ich nicht wieder in diese Situation kommen wollte, in der ich zwar fromme Dinge sage, aber einem Unrecht, das politisch geschieht, nur zuschaue. Oder einer politischen Gefahr, die uns allen droht. Oder einem politischen Treiben, das auf Korruption hinausläuft. Ich habe in Anspruch genommen, als Pfarrer zugleich ein Bürger zu sein und als der Bürger, der ich als Pfarrer war, zu sagen, was ich denke und was mir notwendig schien. Und das scheint mir ein Hauptgrund für den allgemeinen Mißerfolg der Kirche mit ihren öffentlichen Äußerungen in dieser ganzen Zeit gewesen zu sein. Denn unsere evangelische Kirche ist noch immer nicht aus der Bewußtseinsspaltung heraus, die die ganze evangelische Theologie zur Zeit des Kaisers und zur Zeit Hitlers bestimmt hat. Man spricht bis heute von der »Zwei-Reiche-Lehre«. Die bedeutet, daß es ein Reich Gottes gebe, das in der Kirche stattfinde, und ein Reich des Staates, das im politischen Leben seinen Ort habe. Die Kirche aber sei zuständig nur für das innere Reich, für das Reich des Glaubens. Das äußere gehe sie nichts an. Das aber bedeutet eben diese Spaltung. Und ich werde an diesem Punkt, solange ich lebe, unnachgiebig sein, auch wenn man es mir weiterhin übelnimmt.

In beiden Bereichen ist dasselbe Gewissen gefordert. Das Gewissen aber ist nicht ein Organ im Menschen wie die Leber oder das Zwischenhirn.

M. K.: Was ist es denn?

J. Z.: Das Gewissen? Das ist der ganze Mensch mit allen seinen Erfahrungen und Erkenntnissen. Mit seiner Erbmasse, mit seiner Erziehung, mit seiner Bildung, mit seinen Verletzungen und Neurosen, mit seinen gelungenen oder mißglückten Versuchen, es auf irgendeine Weise recht zu machen. Mit seinem Selbstvertrauen und seinem Stehvermögen. Auch mit seinem ganzen Umfeld, mit allen den Menschen, die ihn beeinflußt haben oder die ihm als abschreckende Beispiele vor Augen stehen. Mit der Situation, in der er lebt, mit den Ereignissen, die sich um ihn her abspielen. Mit den moralischen Einsichten, die ihm zuwachsen. Eine Gewissensentscheidung wird getroffen, wenn ein ganzer Mensch sich in einer Entscheidung versammelt und die Konsequenzen übernimmt, die ihm daraus entstehen. Das war in Hitlers Reich zu lernen, und, Gott sei's geklagt, in unserem Land haben es allzu viele nicht gelernt. Das Gewissen ist der ganze Mensch, und dieser ganze Mensch hat für das geradezustehen, was er tut. Er hat mit seinem ganzen Menschen darüber nachzudenken. Und wenn etwas schiefgegangen ist, dann haftet nicht sein Gewissen, sondern er.

M. K.: Sie haben nach dem Krieg angefangen, Theologie zu studieren. Gab es da einen Zusammenhang? Ist der Entschluß, Pfarrer zu werden, schon während des Krieges gefallen? Gab es besondere Erfahrungen, die zu diesem Entschluß geführt haben?

J. Z.: Die gab es durchaus, aber da muß ich länger erzählen. Ich war ja Flieger. Davon ist jetzt nicht zu erzählen. Es gibt aber aus jener Zeit drei Schlüsselerlebnisse, die mich allmählich auf meinen Weg geführt haben, auf den zur Theologie.

M. K.: Welche waren es?

J. Z.: Ich habe in meinen »Erinnerungen« so ausführlich davon berichtet, daß ich sie hier nicht wiederholen möchte. Ich will sie aber andeuten. Es war einmal die Erfahrung einer Kriegsgerichtsverhandlung, in deren Verlauf ich zum Tode wegen Fahnenflucht verurteilt wurde und aus der ich doch noch einmal lebend herauskam. Ich wurde dann zu einer Gefängnisstrafe verurteilt und lernte im Gefängnis in Frankreich einen französischen Christen kennen, der im Widerstand gegen die Deutschen gewesen war und seinem Tod durch Hinrichtung auf eine überzeugende Weise entgegenging. Ich habe damals empfunden, es müsse lohnend sein, sich ein Leben lang für Gerechtigkeit einzusetzen, auch unter Lebensgefahr.

Es war zum zweiten ein Absturz über dem Atlantik im brennenden Flugzeug, den ich schwimmend überlebte und der mir die Idiotie eines solchen Krieges und die Gemeinsamkeit seiner Opfer, der Freunde und Feinde, zum Bewußtsein brachte.

Es war zum dritten das Erlebnis während der Tage der alliierten Invasion in Frankreich, daß ich nicht verhindern konnte, daß ein junger Mensch freiwillig starb mit der Folge, daß ich am Leben blieb. Das hat mir einige Gedanken des christlichen Glaubens plötzlich sehr nahe gebracht.

Das Gemeinsame an diesen drei Erfahrungen war, daß mir sehr deutlich wurde, wie Menschen leiden können, leiden unter dem Leben, wie es ist, und unter dem Leben, wie wir es einander antun. Es waren Grenzerfahrungen. Es war insgesamt eine Initiation in das schwere und dunkle Geheimnis des Lebens in dieser Welt.

M. K.: Aber noch einmal zum Kriegsende. Schließlich kamen Sie nach Hause.

J. Z.: Als ich lebend aus dem Krieg nach Hause kam, fragte ich mich: Du hast dein Leben als einer der wenigen deines Geschwaders noch einmal geschenkt bekommen. Was willst du damit anfangen? Du kannst ja nun nicht sagen: Eine Karriere will ich machen! Viel Geld will ich verdienen! Was du tust, muß ja irgendeinen Sinn haben. Und was muß dein Leben bewirken, damit es ein solches Überleben wert ist?

M. K.: Hat der Tod in Ihrem Nachdenken damals eine große Rolle gespielt? Wie überwindet man überhaupt als so junger Mensch die Angst vor dem Tod, wie verarbeitet man diese Erfahrung?

J. Z.: Der Tod war eigentlich allgegenwärtig. Aber er war nicht das große Problem. Jedenfalls nicht im akuten Fall. Wir mußten gelegentlich nachts auf einem fremden Platz landen, und, wenn die amerikanischen Jäger in der Nähe waren, so, daß der Platz unbeleuchtet war, weil natürlich ein landendes Flugzeug besonders gefährdet ist. Wir landeten, ohne etwas zu sehen, einfach in die Finsternis hinein. Das ging manchmal gut und oft nicht. Aber daß wir dabei in Todesangst gewesen wären, kann ich nicht sagen. Man hat in einem Flugzeug immer etwas zu tun, auch in einem abstürzenden. Man hat praktisch für Angst kaum Zeit. Es ging auch alles immer sehr schnell. Es war alles ein einziges großes Abenteuer, und wir haben die kurzen, heftigen Erfahrungen immer auch genossen.

Freilich, wo keine Angst ist, geht auch etwas verloren, denn die Angst hat ja eine Funktion. Angst ist eine Antenne für die Gefahr. Wer keine Angst hat vor einem Bären, fällt dem Bären zum Opfer. Angst ist ein sinnvolles und wichtiges Werkzeug, das die Wahrnehmung wecken soll und das rettende Nachdenken. Traumatisch wirken muß sie durchaus nicht.

M. K.: Wo haben Sie den Kriegsschluß erlebt?

J. Z.: In der Gefangenschaft. In Cherbourgh an der normannischen Küste in einem Lager mit einer viertel Million anderer Gefangener. Man konnte damals nicht viel mehr tun, als dasitzen oder den Stacheldraht entlanggehen und nachdenken. Auch diese Zeit war für mich sehr wichtig. Ich stieß damals auf eine Gruppe von jungen Theologen und von alten Pfarrern, die in einem Zelt versammelt waren und Theologie studierten mit Hilfe von Büchern, die der Weltkirchenrat damals in den Lagern verteilen ließ.

Damals kam mir zum erstenmal der Gedanke, im Zusammenhang der Kirche könnte vielleicht eine Lebensaufgabe liegen für einen Menschen, der aus der Erfahrung eines Kriegs und eines Dritten Reichs Konsequenzen ziehen wollte. Die Kirche hat sich dann als nicht sehr tragfähig erwiesen, was die Konsequenzen aus dem Dritten Reich betraf, aber sie war immerhin ein Raum, in dem vielen gelingen konnte, es für sich selber zu tun. Und die Kirche hat mir ja dann auch die Freiheit gelassen, meine Konsequenzen zu ziehen.

M. K.: Wie ging das zu, als Sie in Gefangenschaft gerieten?
J. Z.: Auch das ging eigentlich recht lebhaft zu. Ich war ja, nachdem unser Geschwader aufgerieben und nicht mehr vorhanden war, im Frühjahr 1945 noch in die Ausbildung zum Piloten der ersten Düsenmaschinen übernommen worden. In Augsburg war das. Als dann die Russen sich Berlin näherten, wurden wir in eine »Fallschirmjägereinheit« verwandelt und nach Berlin in Marsch gesetzt, um den »Führer« und die Reichshauptstadt zu verteidigen. Als wir kurz vor Berlin waren, hatten wir die Wahl, von den Russen oder den Amerikanern gefangen zu werden, und wählten den Weg nach Westen, den Amerikanern entgegen. Damals sammelte uns unser Hauptmann und sagte: »Verdünnt euch! Schaut, wie ihr nach Hause kommt.« Ich habe ihn damals sehr bewundert, denn für solche Anweisungen sind in jenen Tagen Unzählige gehenkt worden. Aber wir machten uns zu zweit auf die Wanderung nach Hause. Es waren ungefähr 600 Kilometer, die wir – immer in den Nächten – querfeldein hinter uns bringen wollten. Aber es war morgens schwierig festzustellen, ob wir in einem Gebiet waren, das vor der amerikanischen Front lag oder hinter ihr. So wurden wir eines Morgens die Opfer eines amerikanischen Angriffs in einem Wäldchen, in dem wir uns für den täglichen Schlaf eingegraben hatten. Wir erhoben uns, hoben die Arme und ergaben uns. Ich stellte mich verletzt und hinkte, auf meinen Kameraden gestützt, weil ich annahm, Verletzte werde man nicht so sorgfältig bewachen. Man stellte uns dementsprechend allein auf eine Straße, zeigte uns ein Dorf, das vor uns

lag, und verlangte: »Meldet euch dort in der Gefangenensammelstelle.« Wir gingen also, ich hinkend, die Straße entlang. Als wir außer Sichtweite waren, »verirrten« wir uns und gingen im eiligen Laufschritt auf einem Feldweg einem Wald zu. Als uns ein Jeep begegnete, hinkte ich wieder kräftig. Aber ich hatte nicht mit der Menschenfreundlichkeit eines jungen amerikanischen Offiziers gerechnet. Der sah uns mühsam daherkommen und fand: »Du kannst ja gar nicht richtig gehen, setz dich hier in den Jeep!« Und er brachte uns ins Lager. Das Lager war ein großes Bauernanwesen mit einem Binnenhof. Aber die dort stehenden Maschinen eigneten sich nicht zum Verstecken. Überall verbargen sich schon deutsche Soldaten darin, die dort bis zum Abtransport bleiben wollten. Auch der Versuch, unter der Wand der Scheune einen Graben auszuschaufeln, auf dem wir ins Freie gelangen konnten, schlug fehl. Ich kam direkt vor den Füßen eines Wachtpostens hinaus. Als wir auf Lastwagen dicht gedrängt abtransportiert wurden, nützten wir, was wir in der Fallschirmjägerausbildung gelernt hatten, nämlich aus dem fahrenden Lkw zu springen. Als es einigen von uns gelungen war, sprang ich auch, aber der Wagen schnitt gerade eine Linkskurve, so daß ich nicht im Graben landete wie die anderen, sondern auf der Straße. Die Amerikaner stoppten und jagten mich wieder auf die Plattform: »Come on! Nazi!«

Und die Fahrt ging weiter über den Rhein nach Frankreich. Damals war die Phantasie von Soldaten, die nach Hause wollten, nahezu grenzenlos. Von vieren weiß ich, die sich bei französischen Bauern, denen sie zur Erntehilfe zugeteilt waren, schwarze Anzüge beschafft hatten und mit einem Sarg auf den Schultern immer zum nächsten Dorf zogen, wo die Beerdigung stattfinden sollte, bis sie am Ende zu Hause in Deutschland waren. Ein anderer zog einen Arbeitsanzug an, nahm eine Hacke, legte sie in eine Schubkarre und schob die Schubkarre 500 Kilometer durch Frankreich, bis er in Deutschland war. Mich wundert nur, daß solche Stories nicht längst verfilmt worden sind.

M. K.: Man kann sich solche Dinge heute kaum mehr vorstellen. Wann wurden Sie aus der Gefangenschaft entlassen?
J. Z.: Auf Weihnachten 1945.

M. K.: Dann begannen Sie mit dem Studium der Theologie und der Philosophie. Aus welchem Grund gerade Theologie?
J. Z.: Der unmittelbare Anlaß war der, daß ich, wie gesagt, in der Gefangenschaft in einen Kreis von Theologiestudenten geraten war und daß ich so schon ein wenig Theologie gerochen hatte. Aber daß ich Pfarrer wurde, war damals nicht entschieden. Ebenso sehr lockte mich die Philosophie, die ich als Schüler von Eduard Spranger studierte, und mein Berufsziel war zeitweise das des Philosophieprofessors. Aber schließlich hat sich mir die Theologie doch als der sinnvolle, als der mir vorgegebene Weg erwiesen.

M. K.: Was für eine Generation von Studenten war das damals?
J. Z.: Es waren eben in erster Linie frühere Soldaten. Die kamen, teils schwer seelisch geschädigt, teils kriegsverletzt an. Damals saßen Studenten mit Blindenschriftapparaten in den Vorlesungen oder einarmig oder mit Krücken neben dem Stuhl. Auf alle Fälle alle mit ernsthaften Gedanken und Absichten. Da war sehr wenig Verspieltes, sehr wenig Studentenleben. Da war sehr wenig von dem, was heute wieder aufkommt, mit den schlagenden Verbindungen etwa. Es wurde damals mit großem Ernst studiert, und ich habe von Spranger und Thielicke später gehört, daß das eigentlich die erfreulichste Generation gewesen sei, die sie unter Studenten je erlebt hatten. Die Studenten, die vom Abitur kommen, seien im Grunde zu jung, um ein ernsthaftes Fach zu studieren, das auf eine Tätigkeit am Menschen zuläuft. Wir hatten eben fast alle seit dem Abitur fünf Jahre gearbeitet, gelebt, gelitten und waren für die Probleme, die auf einen künftigen Pfarrer zukommen, wesentlich besser vorbereitet. Aber man kann natürlich nicht in jeder Generation einen Weltkrieg veranstalten, damit die Pfarrer den Ernst des Lebens kennenlernen.

Wir haben damals nach dem Krieg von sehr vielen Vorstellungen Abstand genommen, die eigentlich für junge Menschen charakteristisch sind. Der Glaube an das Gute im Menschen, der Glaube, der Mensch habe sich selbst oder sein Leben in der Hand. Der Glaube, es liege an seiner Kraft und seinem Willen, ob er am Ende ein Mensch sei im vollen Sinn dieses Worts. Wir hatten allzuviel von den Grenzen erlebt, an die Menschen kommen können, körperlich, seelisch, moralisch. Wir hatten ein gutes Gespür für das, was das Evangelium eigentlich meint.

M. K.: Wie hat sich diese Gesamterfahrung auf die Dauer ausgewirkt?
J. Z.: Man kommt, in unseren Jahren und mit unseren Erinnerungen im Hinterkopf, schnell an das Ende aller Moral und aller großen Reden von der Freiheit des Menschen. Freiheit – welche Übertreibung! Worin besteht die Freiheit eines Gebundenen, eines Leidenden? Und war Hitler etwas anderes? Was ist im Zweifelsfall der Hitler in uns anderes als ein von Erfahrungen geprügelter Mensch? Wir haben dem Bösen ins Gesicht gesehen. Wir wissen von seiner Macht, aber wir werden in den Menschen mehr die Opfer als die Täter des Bösen erkennen. Wir werden das Böse im Blick behalten bis an unser Ende. Wir werden es benennen, bezeichnen, markieren, aber wir werden ihm nicht mehr die Namen von Menschen beilegen. Man kann heute nur noch versuchsweise und andeutend von den Zehn Geboten oder vom Gesetz Christi reden, es sei denn, das Gesetz Christi heiße Erbarmen mit den Unfähigen. Und das Evangelium? Es kann im Grunde nur die Zusage des Überlebens sein wollen in dem unüberschaubar verwirrten Gewebe von Unmoral, von Lügen und von Erleiden, das wir das Menschenleben nennen. Und dieses Leben werden wir nicht durchdringen und nicht erlösen, wir werden allenfalls von ihm berichten im Stil eines Protokolls, im inneren Monolog oder in der Klage. Im Grunde wird uns nichts weiterhelfen, es sei denn, wir hätten begriffen, was das Evangelium meint.

2
Zuflucht in der Sprache der Dichter

M. K.: Sie haben mir einmal erzählt, die Sprache sei für Sie in jenen Jahren so etwas gewesen wie eine Zuflucht, ein schützender Raum, eine Art Insel des Überlebens im großen Kriegsgeschehen.

J. Z.: Das trifft zu. Die Sprache war eine Art Asyl. Ich habe mich durch den ganzen Krieg hin intensiv mit der Sprache befaßt. Mir war die Sprache des Kasernenhofs ebenso zuwider wie die Sprache der Propagandareden der Nazis oder die Sprache der öffentlichen Kriegsberichte. Die erste negierte die Würde des Menschen. Die zweite blockte das Nachdenken ab. Die dritte mischte Wahrheit und Lüge in unerträglichem Maß. Es muß doch, so meinte ich, eine Sprache geben, die dem Menschen und seiner Würde gemäß ist und in der weitergedacht werden kann, in der am Ende sich so etwas wie Wahrheit zeigt.

Ich habe damals im Krieg viel gelesen. Man hat als Flieger ja nach jedem Einsatz wieder Ruhezeit im heimischen Fliegerhorst. Und man kann auch Koffer voller Bücher von einem Flugplatz zum nächsten transportieren. Ich habe damals an philosophischer Literatur alles gelesen, was mir in die Hände kam. Ich habe ganze Bühnenstücke auswendig gelernt und Hunderte von Gedichten. Und ich habe meine eigenen Experimente mit der Sprache angestellt. Ganze Stöße von dichterischen Versuchen sammelten sich in meinem Koffer.

Das war damals sehr hilfreich im Sinne eines inneren Exils. Es entstand so etwas wie eine andere Welt, in der es möglich war zu leben. Oder besser: Es entstand ein Haus aus Sprache, in das man sich flüchten konnte.

Man kann natürlich fragen: Wozu schreibt und wozu liest man Lyrik in solchen Extremsituationen? Ich möchte antworten: Um zu überleben! Wer einmal gezwungen war, aus einer unerträglichen Welt zu emigrieren in eine andere, in der es möglich war zu leben, der weiß es. Wer fünf Jahre Krieg und Gefangenschaft in seinen Jugendjahren mitbekommen hat und sich nur so retten konnte, daß er zwischen Schießen und Beschossenwerden, zwischen Fliegen und Abstürzen, zwischen Lügen und Phrasen und Brutalitäten Hunderte von Gedichten auswendig lernte und ganze romantische Romane wie Hölderlins »Hyperion«, oder so, daß er verträumte Bühnenstücke schrieb, der fragt nicht mehr, wozu Lyrik gut ist, der wird sie messen am Maß einer Überlebenstechnik. Seine Lyrik freilich wird im Lauf seines Lebens wechseln von der Fluchthilfe zum wachen Benennen von Tatsachen, zum Angriff und zum Widerstand.

Daß ich selbst unzählige Hefte mit lyrischen Gedichten aus meiner Seele herausgequetscht habe, Gedichte, die zum Glück niemand je gelesen hat, das ist lange her. Daß ich Gedichte liebe, von Gryphius bis zu Christian Morgenstern und Reinhold Schneider, das fing an, als die Erde eine Hölle war und ich selbst ein Grünschnabel mitten in Hitlers Apokalypse. Als es lebensrettend war, mit Hölderlin den Ursprung des Rheins zu betrachten oder auf den griechischen Inseln zu träumen. Und ich erinnere mich, wie ich in der Gefangenschaft in einem Zelt, in dem dreimal so viele abgerissene Menschen im Schlamm saßen oder lagen als eigentlich hineinpaßten, lange Abende Gedichte vortrug oder Prosatexte. Da antwortete nicht der Spott wie zuvor während des Krieges in der Stube mit gesunden Soldaten, sondern die Dankbarkeit von Menschen, die empfanden, hier sei etwas, das aus dem Abgrund retten könne, das jedenfalls irgendeine rettende Kraft habe. Hier sei etwas, das spreche gegen das Unheil an, gegen Tod und Hölle und Hunger und Verzweiflung, gegen eine erfahrene Wirklichkeit, gegen eine behauptete Wahrheit und gegen die eigene Kapitulation in der großen Kapitulation dessen, was bisher gegolten hatte.

Das, so empfinde ich es heute, erlaubt sozusagen, über das Wasser zu gehen. Wer die Erfahrungen meiner Generation heute beschreiben will, dem helfen keine Beschönigungen. Beschönigungen erlösen nicht aus dem Verstummen, das tut allenfalls die unbestechliche Härte der Beschreibung, das Nachsprechen von Fakten. Wir sind seitdem für immer zum Mißtrauen verpflichtet gegenüber der Sprache, mit der auf uns eingeredet wird. Wir gehen seitdem, wie gesagt, über Wasser und formulieren das Wasser in eine Straße um, auf der es möglich sein wird, feste Schritte des Widerstehens zu setzen. Und wenn das Wasser von Eis bedeckt ist, dann hilft nur die Axt, die das zugefrorene Gedächtnis aufhackt.

Uns ist nicht die Gnade der späten Geburt verliehen, sondern die Erinnerung an ein gespaltenes Bewußtsein, die Erinnerung an eine Jugendzeit voll Haß und voll Begeisterung gegen dasselbe Reich, das unverwechselbar ein deutsches war und dessen offenkundige Mitläufer, Mitschwärmer wir gewesen sind, vielleicht gar Mithelden. Genug, um künftig die Seele des Mitläufers für verlorener zu halten als die Seele des Bösen. Und genug, um mit der Widerlegung der eigenen Jugend die Wahrheit eines ganzen Lebens auszusprechen. Oder aus der Heldenballade eine knappe, vielleicht ironische, vielleicht schnoddrig entlarvende Lyrik zu machen, die voll Prosa ist und die darin ihre Richtigkeit hat.

M. K.: In der Öffentlichkeit ist nie bekannt geworden, daß Sie sich mit Lyrik befassen. Sie haben meines Wissens auch nie moderne Lyrik kritisch besprochen. Wäre das nicht lohnend gewesen?
J. Z.: Nein. Ich habe in meinem Leben nie Lyrik oder auch andere Formen der Dichtung öffentlich bedacht, analysiert oder kritisiert, ganz einfach deshalb nicht, weil ich nicht glaube, daß dies ihr Sinn sei oder daß sich ihr Sinn auf solche Weise zeige. Ich gehöre nicht zu den Leuten, die Literatur zum Gegenstand ihrer Kritik machen. Das möchte ich auch weiterhin Berufeneren überlassen. Bernard Shaw hat einmal gesagt: »Kritiker sind blutrünstige Leute, die es nicht bis zum Henker gebracht haben.«

M. K.: Und beschäftigen Sie selbst sich heute mit Dichtung?
J. Z.: Zunehmend. Aber um das zu erklären, muß ich einen Gedanken wenigstens andeuten, der mir immer wichtiger wird. Ich

bin ja auch selbst von ihm betroffen. Ich meine den Gedanken einer merkwürdigen biografischen Symmetrie.

Wenn ein Mensch meiner Generation etwas schreibt, wird es fast immer Erinnerung sein, aus dem Schlaf des Vergessens aufgestört. Und solche Erinnerung wird, je älter der Schreiber wird, an Gewicht immer mehr gewinnen, je weiter sie zurückreicht, bis sie am Ende den zu erdrücken droht, der sie ausspricht. Unsere Erinnerungen haben ja ihre Macht über uns keineswegs verloren, im Gegenteil, sie werden wichtiger, je länger der Zeitabstand anwächst. Aber das ist nicht nur in unserer Generation so. Es fällt doch auf, daß alte Menschen sich von jeher, je länger sie lebten, um so intensiver mit ihrer Jugend und Kindheit beschäftigt haben.

Wenn unser Leben, so es hoch kommt, achtzig Jahre währt, dann liegt seine Mitte um das vierzigste Lebensjahr. Was sich einer mit dreißig vorgenommen hat zu erreichen, muß er wohl mit fünfzig erreicht haben. Was einer mit zwanzig dachte, muß er mit sechzig wieder aufnehmen und zur Reife bringen. Und wenn ihm eine Gnade widerfährt, dann wird er mit achtzig wieder das Kind sein, das er einmal war und das er immer geblieben ist und in dem zur Vollendung kommt, was er während seiner achtzig Jahre erfahren, gedacht, gewirkt und erlitten hat.

Für ein Kind ist die Welt durchscheinend, ihr Hintergrund ahnbar wie durch Glas. Und unsere Hoffnung wird sein, daß wir am Ende diese Transparenz der Wirklichkeit wieder vor Augen haben werden. Erinnerung aber hat dann die Aufgabe, die Scheiben zu waschen, durch die wir schauen.

Am Ende werden die Worte leiser werden. Wenn wir einmal gemeint haben sollten, wir hätten ein Rätsel gelöst, dann wird sich unsere Lösung in das Rätsel zurückverwandeln, und wir werden es zufrieden sein. Die Kunst der Sprache aber gibt uns auf dieser Erde die Chance, etwas auszusprechen, das wir ahnen und von dem wir wissen, daß wir es nicht wissen.

M. K.: Ein Pfarrer hat einen Beruf, in dem sehr viel geredet werden muß. Was aber auffällt, ist, daß Sie sehr viel nicht nur geredet, sondern geschrieben haben. Was unter Ihrem Namen an Büchern und Schriften herauskam, dürfte bei 13 000 oder mehr Seiten angekommen sein. Wie kamen Sie zum Schreiben?

J. Z.: Wenn ich dazu Auskunft geben soll, muß ich viel früher ansetzen. Viele nachdenkliche junge Menschen müssen eine bestimmte Arbeit leisten, nämlich die, was ihnen wichtig ist, in Sprache zu fassen. In irgendeine Sprache. In die Sprache der Musik, wenn sie dort die besten Kräfte, die in ihnen sind, einsetzen können. In die Sprache des Theaters oder der Malerei oder in die der Dichtung oder des philosophischen Nachdenkens. Immer geht es darum, etwas Ungreifbares, etwas Aufwühlendes, eine große Empfindung, eine alles ergreifende Liebe zu verstehen, zu ordnen und sich selbst in all dem wiederzufinden.

Es gibt auch einen Traum, den viel mehr junge Menschen träumen, als wir meinen, nämlich den, ein Dichter, eine Dichterin zu werden. Da wird viel heimlich aufs Papier gebracht und danach sorgfältig versteckt oder auch einem Freund vorgelesen. Große Dichtungen werden entworfen, Bühnenstücke in der Phantasie gestaltet, von denen nie jemand erfährt. Was da versucht wird, ist aber alles andere als bloße Träumerei. Es ist eine harte und notwendige Auseinandersetzung mit seiner Welt, mit den Menschen und vor allem mit sich selbst. Ein Dummkopf, wer das lächerlich macht. Das Reinste und Klarste, das in einem jungen Menschen erwachen kann, kommt darin zum Ausdruck, zur Form und zur Gestalt und Wirkung.

M. K.: Und Sie wollen sagen, dieser Wunsch, ein Dichter zu werden, sei auch in Ihnen gewesen?

J. Z.: Natürlich. Ich habe als junger Soldat fasziniert die Briefe Rilkes »An einen jungen Dichter« gelesen und mich darin vollkommen wiedererkannt. Ich habe damals Hunderte von Gedichten geschrieben. Und diese Gedichte haben mir geholfen, im Massenbetrieb der Organisation oder im Reih-und-Glied-Denken der Nazis nicht unterzugehen. Natürlich hatte das wenigste davon dichterischen Rang, und ich hätte mich hoffnungslos überfordert, wenn ich tatsächlich versucht hätte, ein Dichter zu werden. Aber ich fand damals in der Sprache ein Haus, in dem ich leben konnte. Ich war es selbst, dieses Haus, und ich fing an, auf diese Weise mit mir selbst einverstanden zu sein, Pläne zu machen, die mit mir zusammenstimmten. Ich habe dabei gelernt, was ich selbst bin zu unterscheiden von dem, was man mir über mich einreden wollte. Und das ist ein wichtiger Schritt, den man gehen sollte, ehe man sich in irgendeinen normalen Lebensablauf einfügt.

M. K.: Hat Ihnen das nie Schwierigkeiten verursacht? Ich meine, hat Sie niemand gefragt, was Sie mit solchem unzeitgemäßen Tun eigentlich wollten?

J. Z.: Es gab damals in der Tat Formen des Widerstands, die von der Öffentlichkeit kaum bemerkt wurden und die im Grunde nur aus dem leisen Nein bestanden, das wehrlose Menschen in aller Stille dem Ungeist jener Zeit entgegensetzten.

In unseren Jahren pflegt der militärische Widerstand gefeiert zu werden. Offiziere waren das, preußisch gesinnt, die vielleicht nicht so sehr die Demokratie, aber doch den preußischen Rechtsstaat verkörperten. Aber der Widerstand war breiter. Kommunisten standen in ihm, von denen nur wenig geredet wird. Sozialdemokraten, parteilose Bürger, einzelne Intellektuelle, Studenten, Leute der Kirchen, junge Idealisten auch, die die Freiheit des Geistes suchten. Junge Menschen, die durchaus nicht nur das wollten, was sich heute als bundesrepublikanische Realdemokratie darstellt, sondern mehr. Etwas, das auch heute noch Mühe hat, als berechtigt zu gelten. Wenn ich heute in den Buchhandlungen vergeblich jene Sonette von Reinhold Schneider suche, die wir in den Kriegsjahren, kaum leserlich auf miserablen Durchschlägen geschrieben und deshalb auswendig, durch das von der Barbarei erfüllte Europa trugen, und feststelle, daß sie nicht mehr vorhanden sind, dann werde ich mir der geistigen Leerräume bewußt und der geistigen Blindheiten, in denen wir uns heute eingerichtet haben. Dann wird mir auch auf quälende Weise bewußt, wie unfähig unsere westliche Gesellschaft durch die Zeit der Studentenbewegung, auch der Friedens- und Ökologiebewegung hin gewesen ist, den Widerstand junger Menschen und seine Beweggründe in ihrer tiefen Berechtigung zu erkennen oder auch nur gelten zu lassen.

M. K.: Kann man diese Jugendaufstände unserer Zeit mit der damaligen Widerstandsbewegung vergleichen? War es nicht doch etwas anderes?

J. Z.: Jede Generation wird in ihrer Zeit und in den Widersprüchen ihrer Zeit die Form des Widerstands finden müssen, die ihr entspricht und die geeignet ist, die Verhältnisse in dem Sinn zu verändern, die sie für notwendig hält. So breite Widerstandsbewegungen wie die 68er Revolution oder die Friedensbewegung haben ihren Sinn und ihr Recht, und keine Erwachsenenmacht, die sich ihnen entgegenstellt, wird auf die Dauer verhindern können, daß sich am Ende etwas von dem durchsetzt, was die Jungen wollen.

M. K.: Das wird aber normalerweise nicht so gesehen.

J. Z.: Natürlich nicht. Die Widerstandsformen der letzten dreißig Jahre richteten sich ja auch gegen die heutige maß- und richtunggebende Sicht der Älteren. Und diese Älteren waren in derselben Zeit damit beschäftigt, sich selbst und ihren Widerstand gegen das Dritte Reich zu rechtfertigen.

Dieser Widerstand aber war viel schwächer, als er heute gerne dargestellt wird. Und er hatte etwas tief Improvisiertes, Fragmentarisches. Und vielleicht ist es gut, wenn wir uns das hin und wieder deutlich machen, statt uns an unserer eigenen Heldenverehrung aus dem Sumpf unserer Geschichte herauszuziehen. Denn gerade das Fragmentarische, das Unvollendete will ja, daß es Fortsetzer findet und nicht Sonntagsredner. Wichtig ist nach wie vor, daß es Menschen gibt, die nein sagen können und bereit sind, den gefährlichen Platz zwischen den Stühlen ihrer Zeit einzunehmen, auch wenn weiterhin damit zu rechnen sein wird, daß kein Staat dieser Erde irgendeine Form des Widerstands, und sei es eines grundgesetzlich zugelassenen, als berechtigt anzuerkennen bereit sein wird. Viele meiner Freunde haben das Dritte Reich verabscheut, aber sie taten, was ihnen befohlen war, mit Widerwillen und in tödlicher Verzweiflung. Einer von ihnen, der in seinem Unterstand Gedichte schrieb und griechische Tempel zeichnete, stieg damals mit neunzehn Jahren unbewaffnet aus dem Schützengraben und ließ sich von den Russen niederschießen. Ich selbst stand in einem Freundeskreis, der von einer Stuttgarter Familie mit Büchern und Gedichten versorgt wurde, in denen die andere Welt, die Welt des Geistes, die Welt der Seele lebte. Aber nur einige aus diesem Kreis fanden den Weg in den wirklichen Widerstand. Ich selbst auch nicht.

Im Grunde dachten wir alle nicht politisch. Was Demokratie wäre, wußten wir nicht. Woher sollten wir es wissen? Was uns erfüllte, war unsere bescheidene Sensibilität für geistige Bewegungen unserer Zeit, wie sie in der modernen Kunst und Literatur zum Ausdruck kamen. Thomas Mann, der verbotene, Hermann Hesse, der frühe Expressionismus. Worpswede. Der Blaue Reiter. Das waren einige der Quellen, von denen wir lebten mitten im Untergang des Geistes, mitten im Untergang dessen, was nach dem Jargon jener Jahre als entartet galt. Ich liebte das Verletzliche. Es ging darum, das bedrohte Wesentliche in schwache Hände zu nehmen, damit es noch irgendwo geschützt sei. Widerstand konnte damals heißen, Gedichte zu schreiben gegen das andringende Dunkel. Blumen zu malen vor dem nächsten Angriff. Ein Sonett sorgfältig zu formulieren gegen die Sprache des Kasernenhofs oder die politische Lüge. Wahrheit zu beschwören, wie sie in der Schönheit liegt, gegen die flächendeckende Barbarei.

M. K.: Hatte das alles mit einer Auseinandersetzung mit der Ideologie des Hitlerreiches zu tun oder nur mit Ihrer eigenen Selbstfindung?

J. Z.: Das können Sie kaum trennen. Selbstfindung war damals Auseinandersetzung mit dieser Ideologie. Die Abgrenzung gegen sie. Sie vollzog sich als Notwehr gegen das Erdrückende. Es gab damals nichts Bewohnbares außer dem Haus der Sprache, die man selbst fand. Da war Atem, Hauch, Wind, Geist, der nicht sagte, woher er kam und wohin er fuhr, und der kaum wußte, wo er seinen Ort hatte. Aber das war in der Unbehaustheit jener Zeit der Rest von Wohnlichkeit, von dem meine Generation immer wieder geträumt hat. Sprache als Haus, in das einer eintreten konnte, an dessen Innenwänden man die großen Bilder antraf, die man in seiner eigenen Seele erfuhr, die uns überliefert waren in der Geheimschrift der Dichtung. Als Haus, in dem es noch etwas zu schauen gab, das vielleicht noch nicht zerstört war.

M. K.: Sie haben später die Bibel in heutiges Deutsch übersetzt. Was hat eine solche Vorstellung von Sprache mit der Übersetzung der Bibel zu tun? Das ist doch wohl ein anderes Gebiet und eine andere Ebene.

J. Z.: Das ist durchaus keine andere Ebene. Ich habe später die Bibel gelesen und sie als ein Haus empfunden, in dem ich leben konnte. Die vielen Erzählungen, die Lieder, die Gebete, die Gleichnisse, die Reflexionen, die Klagen und die Leidenserfahrungen. Und ich habe als junger Pfarrer erlebt, wie dieses Haus der Bibel für viele Menschen verschlossen war. Die Sprache, die ihnen vertraut war, ging auf keine Weise zusammen mit der Sprache, in der sich die Bibel nach unseren damaligen Ausgaben erging. Sie standen vor der Tür und gingen vorbei. Die jungen Arbeiterinnen, mit denen ich in Berlin zu tun hatte, die jungen DDR-Flüchtlinge, die ich auf irgendeine Weise im Westen auffangen sollte und ihnen zu Ausbildung und Wohnung helfen. Sie standen vor der Bibel, schüttelten den Kopf und gingen ihrer Wege. Es mußte doch möglich sein, die Tür aufzumachen für diese heimatlose Generation! Und für sie habe ich damals meine ersten Versuche unternommen, die Bibel in ein heutiges Deutsch zu bringen.

M. K.: Das ist eigentlich nichts Ungewöhnliches. Das macht jeder Pfarrer und jeder Lehrer, der Kinder oder Jugendliche in einen schwierigen Zusammenhang einführen will.

J. Z.: Meine besondere Aufgabe lag darin, daß ich damals mit fünfunddreißig Jahren Direktor einer Jugendzentrale der EKD für die Bundesrepublik wurde und mir auch unter den Pfarrern nicht viele begegneten, die schon gewußt hätten, wohin das Geschick unserer deutschen Sprache führen würde, wie also deutsch zu sprechen wäre. Und viele glaubten an einen automatischen Mechanismus, nach dem die Bibel sich selbst auslegen würde, wenn man sie nur vorlese.

Ich habe damals mit einer Gruppe fünfzehnjähriger Arbeiterinnen aus dem Berliner Wedding Briefe gewechselt. Ich habe immer wieder einen anderen biblischen Text übersetzt und ihn nach Berlin geschickt mit der Bitte, die Mädchen mögen ihn eine Woche lang jeden Morgen einmal lesen und mir dann schreiben, ob sie etwas davon verstanden hätten. Und dann habe ich in einem nächsten Versuch die Fehler des vorigen versucht zu vermeiden. Dazu kam, daß ich, wie schon erwähnt, mit den jungen Flüchtlingen befaßt war, die vor dem Bau der Berliner Mauer in Massen herüberströmten. Sie kamen wieder aus einem völlig anderen Sprachzusammenhang, und ihre Fähigkeit, irgend etwas in der Sprache der Bibel zu verstehen, war noch geringer.

M. K.: Aber Übersetzen gilt doch als eine philologische Fleiß- und Facharbeit. Nach alter Meinung wird eine Übersetzung um so verständlicher, je genauer von einer Sprache in die andere übersetzt wird.

J. Z.: Ja, man redet gerne von einer »treuen«, einer »genauen«, einer »exakten« Übersetzung. Aber darin verbirgt sich, meine ich, ein Mißverständnis. Eine exakte Übersetzung gibt es überhaupt nicht. Voraussetzung dafür wäre, daß beide Sprachen denselben grammatikalischen Rahmen besäßen oder daß bestimmte Wörter exakt dasselbe meinten wie die entsprechenden Wörter in der anderen Sprache. Beides trifft aber nicht zu. Wörter überdecken sich zwischen zwei Sprachen immer nur partiell, und oft wird ein bestimmtes Wort der einen Sprache erst durch drei verschiedene in der anderen einigermaßen wiedergegeben. Ich mußte also beim Übersetzen zunächst herausbekommen, welcher Aspekt eines bestimmten Wortes im Zusammenhang des Textes gemeint sei, und dann nach einem ähnlichen Ausdruck im Deutschen suchen.

Aber dazu kommt etwas ganz anderes, das für das eigentliche Übersetzen in eine verständliche Sprache entscheidend ist. Übersetzen ist eine Arbeit an den Bildvorstellungen eines Menschen. Wenn ich die Bibel lese, stelle ich mir vor, was sich die vorgestellt haben, die dort sprechen, und versuche, es in die Bildvorstellungen heutiger Menschen zu übertragen. Wenn sie zum Beispiel von einem König reden, dann stelle ich mir die Angst vor, die sie vor einem König hatten, ihre Begeisterung für ihn, ich stelle mir die Willkürherrschaft vor, die ein König damals ausgeübt hat, das Wunder, das gerühmt wurde, wenn er einmal etwas Gerechtes tat. Ich stelle mir die magischen Rituale vor, die einen König damals aus der Masse fast ins Göttliche heraushoben. Die Macht auch, die der hatte, der die Gesetze, nach denen er urteilte, je nach Bedarf selbst schuf. Das Recht auch, das ein König hatte, von jedem seiner Untertanen zu fordern, was er wollte, oder jeden zu töten, der ihm mißliebig war. Eine solche Vorstellung stellt sich bei keinem heutigen Menschen ein, wenn er das Wort »König« hört. Also muß ich umschreiben, was in den Vorstellungen jener Menschen vor dreitausend Jahren lebendig war.

Wenn es mir gelingt, in einem heutigen Menschen eine ähnliche Vorstellung zu erwecken, wie die Vorstellung war, die aus einem alten biblischen Text spricht, habe ich übersetzt. Wenn er dasselbe vor Augen hat, was Menschen vor dreitausend Jahren gesehen haben, ist die Übersetzung gelungen. Auf jeden Fall scheint mir sicher: Wenn es einmal keine Bibel mehr gibt, die ein Laie, ein Handwerker, ein Bauer, ein Beamter, ein Unternehmer versteht, aus der er seine Überzeugung bezieht, nach der er beurteilt, was heute getan werden muß, dann gibt es keine evangelische Kirche im Sinne der Reformation mehr. Eine evangelische Kirche gibt es nur so lange, wie es eine lesbare Bibel gibt.

M. K.: Das wird mittlerweile auch anerkannt. Aber müßte die Bibel dann nicht für jede Generation noch einmal und immer wieder aufs neue übertragen werden in die Sprache, in der heutige Menschen zu Hause sein können?

J. Z.: Ja, aber nur dann, wenn dabei das Mißtrauen gegenüber der Sprache des Tages erhalten bleibt. Wer in der Sprache des Hitlerreiches aufgewachsen ist, wer in jener Zeit der Unkenntlichkeit des Worts seine eigenen ersten Sprachversuche angestellt hat, der trägt ein tiefes Mißtrauen gegenüber der Sprache jener und dieser gegenwärtigen Zeit mit sich. Er kann nicht einfach die Sprache der jeweiligen Gegenwart sprechen. Er muß ihr auch entgegenstehen. Er muß sie auch abwehren. Er muß sie immer auch entlarven. Er muß wissen, daß es keine unschuldige Sprache gibt, sie sei so oder so gewendet. Er kann nur versuchen, in einfachen Worten zu sagen, was er sagen will, und sei es noch so unmodern. Die Sprache, in der ein Pfarrer heute reden kann, ist gerade nicht die Sprache des Schlagers, der Zeitung oder der Gasse. Sie wird immer auch an ihrer Fremdheit kenntlich sein wie das Evangelium, das sie ausdrückt, selbst. Sie muß aus dem Umgang mit Menschen dieser Zeit neu entstehen. Wer die damalige Sprache erlitten hat, für den ist eine Sprache, die nur fröhlich daherkommt, endgültig naiv. Auch jene verbreitete christliche Sprache, die von ihrer eigenen Mißverständlichkeit nichts weiß. Sprache muß heute gemacht werden nach Art eines Handwerks. In kritischer Kontrolle jedes Worts. Anders, so scheint mir, sei heute weder die bedrohte Seele eines Menschen zu schützen noch eine Wahrheit auszusprechen.

M. K.: Wir haben von der Sprache der Kirche geredet. Hat sich da in den letzten Jahren nicht einiges gebessert?
J. Z.: Allmählich tritt eine deutlichere Sprache an die Stelle der alten Kirchensprache. Aber sehr langsam.

M. K.: Ein Beispiel?
J. Z.: Das Glaubensbekenntnis. Da wird uns zugemutet mitzusprechen:

»Ich glaube an Gott, den Vater, den Allmächtigen, den Schöpfer des Himmels und der Erde, und an Jesus Christus, seinen eingeborenen Sohn, unsern Herrn, empfangen durch den Heiligen Geist, geboren von der Jungfrau Maria, gelitten unter Pontius Pilatus, gekreuzigt, gestorben und begraben, hinabgestiegen in das Reich des Todes, am dritten Tage auferstanden von den Toten, aufgefahren in den Himmel; er sitzt zur Rechten Gottes, des allmächtigen Vaters; von dort wird er kommen, zu richten die Lebenden und die Toten.«

Entschuldigen Sie, aber ich muß einen Augenblick lang wie ein Philologe reden. Er wurde empfangen, wird gesagt, und da die Partizipien der folgenden Zeilen alle aneinander gereiht sind, als hätten sie alle dasselbe Hilfszeitwort, so müssen wir annehmen: »Er wurde geboren, er wurde gelitten, er wurde gekreuzigt, er wurde hinabgestiegen, er wurde auferstanden und aufgefahren.« Wenn Sie das »gelitten« zum maßgebenden Partizip wählen, also »hat« ergänzen, dann hat er empfangen, hat gelitten, hat gekreuzigt, hat gestorben und begraben. Sie können auch als das maßgebende Hilfszeitwort einfügen »ist«. Dann ist er empfangen, ist geboren, ist gelitten usw. Auf alle Fälle, wo solche ergänzenden Hilfszeitwörter in Reihe auftreten, müssen sie einheitlich sein. Passivische Partizipien und aktivische, also zum Beispiel »empfangen« oder »gelitten«, können unmöglich hintereinander geschrieben werden, als hätten sie dasselbe Hilfszeitwort.

M. K.: Gibt es noch mehr solche Beispiele?

J. Z.: Ach, nehmen Sie doch nur das Vaterunser. Kennen Sie einen Menschen, der »Kind meines« sagt statt »mein Kind«. Oder andere, die »Stadt unsre« sagen anstelle von »unsere Stadt«? Im lateinischen Text des Vaterunsers heißt es »pater noster«. Weil aber unsere Kirchen von jeher mehr lateinisch gedacht haben als deutsch, übernimmt man einfach diese im Deutschen unsäglich sinnlose Reihenfolge. Wann werden wir erleben, daß man in einer Kirche beten darf: »Unser Vater im Himmel«, oder einfach »Vater«?

Dazu kommt außerdem, daß es sich bei dem oben genannten Glaubensbekenntnis um eine ungewöhnlich schlechte theologische Arbeit handelt. Da wird von Jesus Christus geredet, als sei an ihm nur seine übernatürliche Biografie wichtig. Er kommt von oben in unsere Welt herein, er leidet und stirbt in ihr, und er erhebt sich aus ihr in Auferstehung und Himmelfahrt. Was er gewirkt hat, wird mit keinem Wort gesagt, oder was er für uns sein und wie er uns helfen kann, auch nicht. Es ist, als habe er auf der Erde nichts getan als zu sterben. Mir schrieb einmal, es war vor mehr als zwanzig Jahren, eine Konfirmandenklasse einen Brief, der lautete so:

»Sehr geehrter Herr Zink, Sie haben die Bibel übersetzt. Können Sie nicht auch das Glaubensbekenntnis neu übersetzen, denn wir verstehen es nicht. Und damit Sie merken, was wir meinen, haben wir einen Versuch gemacht, ein neues Glaubensbekenntnis aufzuschreiben. Wir legen es Ihnen bei. Herzliche Grüße.« Und dann folgten rund zwanzig Namen.

Das Glaubensbekenntnis, das sie beilegten, war um Längen besser als das apostolische, das die Kirche demnächst zweitausend Jahre mit sich schleppt. Es lautete etwa so: »Ich glaube, daß Jesus Christus mein Bruder ist, denn er war ein Mensch wie ich. Ich glaube, daß Jesus Christus mein Meister ist, denn er sagt mir, was ich tun soll. Ich glaube, daß Christus mein Arzt ist, denn er macht mich heil. Ich glaube, daß Jesus mein Befreier ist, denn er macht mich frei von Sünde.« Es folgten noch ein paar Sätze dieser Art, die ich nicht mehr weiß. Warum, so frage ich mich, hängt die Kirche an ihrem schwachen Glaubensbekenntnis, wo es doch unschwer möglich wäre, Besseres an seine Stelle zu setzen?

M. K.: Aber noch einmal zu dem, was Sie über die Sprache und ihre Bedeutung im Dritten Reich sagten: Nun unterscheidet sich ja die Sprache des Nationalsozialismus von der Sprache, die in der heutigen Bundesrepublik gesprochen wird, darin, daß die letztere niemand vergewaltigt. Es kann ja jeder reden, wie er will. Und es steht keine Ideologie dahinter, die uns alle in den Krallen hätte.

J. Z.: Sind Sie sicher? Was folgte denn auf die Ideologie des Dritten Reiches? Folgte da nicht die kleinliche Restauration dessen, was vor dem Auftreten der Nazis gewesen war und gegolten hatte? Die Restauration eines biederen Bürgertums? Die Restauration eines verspäteten Kommunismus oder Sozialismus, die Restauration einer staatstreuen Christlichkeit? Wenn ich heute Bücher lese, die in den fünfziger Jahren geschrieben wurden, erschrecke ich über diese durchgehende Restauration, die sich mit vielen unauffälligen Rechtfertigungsversuchen des Dritten Reichs verband oder mit vielen falschen Beweisen, wie man doch dagegen gewesen sei. Ich erschrecke darüber, wie rückwärtsgewandt alles war. Wir konnten damals, als um uns her die Bundesrepublik entstand, nur nach dem kleinen Wort suchen, das irgendwo im Schutt und in der Banalität bundesrepublikanischer Phrasen und Illusionen zu finden sein mußte. Fast nichts betraf uns, und wir wußten doch in unseren jungen Jahren, daß irgend etwas uns betreffen mußte.

M. K.: Und heute? Ist das Wort größer geworden? Aussagestärker? Wahrer? Hat es heute mehr Raum? Mehr Wohnraum?

J. Z.: In Ihrer Frage geben Sie selbst die Antwort. Unsere heutige

Sprache ist in einer beklagenswerten Weise aussageschwach. Aber nicht nur die Sprache, die uns umgibt, auch unsere eigene. Was mich betrifft, so ging ich in einen Beruf, der aus Reden bestand, immerwährendem Reden über alles und jedes, von dem wir nur wenig wußten oder ahnten. Immerwährendem Reden, das dem Terminkalender atemlos folgte, und um so atemloser, je deutlicher die Heimatlosigkeit, die Sprachlosigkeit dieser Zeit war. Wir haben keine Häuser gebaut. Atemlos stellten wir Zelt um Zelt auf, die den Flüchtigen für Augenblicke Schutz bieten sollten. Immer wieder ein Wort, in das sich irgendein Mensch verkriechen konnte vor der apokalyptischen Bedrohung, die ja nicht geringer geworden ist, seit wir als Kinder erfuhren, was ein Weltuntergang ist. Die Sprache ist alt geworden. Und alt wohl auch das, was sie einmal zu zeigen vermochte. Aber das müde Selbstgespräch der Sprache mit sich selbst muß ja wohl immer wieder, jeden Tag neu, unterbrochen werden, soll ein Wort entstehen, das heute eingreift. In der Unterbrechung des vorwurfsvollen oder stummen Selbstgesprächs liegt vielleicht das, was einer in unserer Generation dann und wann leisten kann. Und vielleicht wird ein Wort daraus.

M. K.: Aber eignet sich eine solche reflektierte Sprache dafür, den Menschen von heute etwas zu sagen, was sie verstehen, was sie aufnehmen können?

J. Z.: Nicht sofort. Die Sprache lebt ja nicht von den Wörtern, sondern von den Bildern, die sie transportiert. Worte kommen als Bilder zur Welt. Und unsere Aufgabe dürfte wohl sein, die einfachen Bilder wieder zu finden, in denen Menschen sich heimisch fühlen können. Sprache ist wie das Wandern eines Bänkelsängers von einem naiven Bild zum nächsten, und die Bilder bleiben noch an den Wänden, wenn der Sänger längst den Stock weggelegt hat, mit dem er an die Bilder schlug.

Die Bilder in der Sprache wiederzufinden, das war eine Arbeit, die mich als Siebenjährigen erfüllt hat, wenn ich auf dem Schulweg ein neues Wort hundertmal vor mich hinsagte, bis es ein Bild hergab, das ich sehen konnte.

Und wenn einer als alter Mensch den Schreibstift weglegt und tiefer ins Schweigen geht, in den dunklen, in seiner fremden Sprache redenden Wald der Gedanken, dann bleiben die Bilder, die schweigsamen, an den Innenwänden seines Hauses zurück. Eine Frau, die während der Protestantenverfolgungen in Frankreich ein Leben lang eingekerkert war, in einem Turm in Aigues Mortes, schrieb an die Wand dort das einzige Wort: »résister«. Widerstehen. Mehr als dieses eine Wort ist von ihr nicht überliefert. Aber es steht als Bild an der Wand vor den Augen unserer zum Widerstand gegen eine geistlose Epoche so unfähigen Menschheit.

M. K.: Aber was an der Bibel eignet sich als Wohnraum für heutige Menschen?

J. Z.: Vieles eignet sich nicht mehr. Wir sind in der Welt der antiken Opferrituale nicht mehr zu Hause, nicht in ihren Gesetzesordnungen, auch nicht in vielen ihrer Vorstellungen von Gott. Ich hörte einmal eine Frau sagen, sie sei froh, daß die Bibel so dick sei und daß es unmöglich sei, sie so, wie sie ist, zu verstehen. Aber so gut kam ich nicht davon. Ich mußte sie essen. Mit Haut und Haar. Das an ihr, was Brot ist. Aber auch das Unverdauliche an ihr. Auch das Unverdauliche an der Theologie, die sich an ihr gesättigt hat. Ich mußte auch das Unverstehen mitverzehren, das die unzähligen Zähne hindert, sie zu essen. Mein Teil war, das eßbar anzubieten, was in ihr Nahrung ist. Wenn es denn wahr ist, daß das Wort Brot ist oder wenigstens aus ein paar Ähren besteht, die das Mädchen Ruth hinter den Schnittern aufliest. Aber dabei ist mir klargeworden, daß, wenn es wirklich um Brot gehen soll, etwas Besseres auf dieser Erde nun einmal nicht zu finden ist.

M. K.: Ich möchte noch einmal von einem anderen Punkt aus ansetzen. In Ihrer Studienzeit war das theologische Hauptstreitthema das der sogenannten »Entmythologisierung«. Sie wurde

von Rudolf Bultmann gefordert. Bultmann war der Überzeugung, ein moderner Mensch könne mit mythischer Rede nichts mehr anfangen. Man müsse ihm das am mythischen Wort konkret Bedeutsame in der Form von Aussagen über seine Existenz nahebringen. Den Mythos also ausschalten. Wenn man Ihre Werke liest, fällt auf, daß das mythische Denken in Ihrem gesamten Lebenswerk eine große, eine wichtige Rolle spielt. Stand da am Anfang irgendeine besondere Erfahrung, ein Schlüsselerlebnis?
J. Z.: Nein, das Schlüsselerlebnis ist einfach eine allgemeine Erfahrung im Bild. Die mythische Sprache ist eine Bildersprache. Eine mythische Geschichte ist eine Bildergeschichte. Und die Bildergeschichte hängt aufs engste zusammen mit der Bilderschicht in der Seele selbst, die der Mensch nach außen wendet in Form von Gedanken, von Bildern, von Geschichten. Und wenn ich das einmal weiß, dann muß ich nicht bei allem in der Bibel fragen: Ist das nun genauso passiert oder nicht? Sondern: Was haben die Schreiber damit ausdrücken wollen? Das ist in allen Religionen so, daß die exakte, historische Geschichte überlagert wird von mythischen Geschichten, von legendären Geschichten und daß es darauf ankommt, die Grundlage des Geschehens und seine Bedeutung auseinanderzuhalten. Unsere eigenen Bilderfahrungen mit unserer eigenen Zeitgeschichte in Übereinstimmung zu bringen ist schwierig, aber es muß sein. Und deshalb habe ich niemals etwas gegen den Mythos gehabt. Ich bin nicht der Meinung, die Bultmann uns damals gelehrt hat, das Mythische sei das Überholte und müsse ausgeschieden werden. Nein, das Mythische ist die Grundsprache des Menschen. Die kann ich nicht abschaffen. Ich kann nur sagen, es *sei* eine Bildersprache, es *sei* eine Sprache von Bedeutsamkeiten.

M. K.: Sie haben Bilder nicht nur in der Sprache lebendig werden lassen und anderen Menschen abstrakte Zusammenhänge bildhaft dargestellt, sondern Sie malen und aquarellieren, Sie produzieren selber Bilder. Wie ist es dazu gekommen?

J. Z.: Das gehört in das Kapitel innere Emigration. Ich habe vorhin schon angedeutet, daß ich mir im Krieg mit Hilfe von Dichtung und von Auswendiglernen von Dichtung eine innere Welt geschaffen habe, in der es möglich war, zu existieren, ohne kaputtzugehen. Und da habe ich auch das Aquarellieren entdeckt. Wenn wir da auf unseren Flugplätzen unter den Tragflächen unserer Maschinen saßen und auf den Einsatzbefehl warteten, dann hatte ich immer einen kleinen Block bei mir und ein paar Farben aus irgendeinem Laden in einem französischen Dorf und habe die Blumen gemalt, die vor mir im Rasen standen. Franz Marc, dessen Bilder ich damals besonders liebte, hatte 1916, kurz vor seinem Tode im Ersten Weltkrieg, geschrieben: »Wie schön, wie einzig tröstlich zu wissen, daß der Geist nicht sterben kann, unter keinen Qualen, durch keine Verletzungen, in keinen Wüsten. Dies zu wissen, macht das Fortgehen leicht.« Dieses Malen war kaum schizophren zu nennen, weil es, obwohl es natürlich ein unerhörter Gegensatz war, meiner Situation entsprach. Ich habe die Welt gemalt, in der ich gelebt habe, die Tragflächen zugleich mit den Blumen, die darunter waren. Später habe ich nie mehr gemalt, weil ich Bilder auf andere Weise geweckt oder gezeigt oder dargestellt oder wiedergegeben habe.

Erst mit sechzig habe ich wieder angefangen zu malen und habe so ungefähr tausend Versuche gemacht, von denen allenfalls hundert als gelungen zu bezeichnen sind. Eines Tages hatte ich das Gefühl, ich käme nicht mehr weiter. Aber das ist kein Unglück. Was ich malte, war keine Kunst, es wollte keine sein, es brauchte keine zu sein. Es mußte niemandem gefallen. Es mußte in keiner Ausstellung erscheinen. Es war einfach Ausdruck einer bestimmten Phase in mir selbst. Es müßte mir heute, wenn ich wieder anfangen wollte zu malen, ein anderer Stil einfallen, ein neuer, der meiner inneren Verfassung heute entspräche. Den habe ich noch nicht. Wenn er mir eines Tages deutlich vor Augen steht, fange ich wieder an zu malen.

M. K.: Wenn ich recht verstehe, dann sind Bilder, die Sie selbst malen, keine Sprache, mit der Sie zu anderen Menschen sprechen.

J. Z.: Nein, das sind sie in der Tat nicht. Sie sind eine Sprache, in der die Dinge zu mir sprechen. Und was ich davon nachspreche, das formuliere ich in der Sprache der Worte.

M. K.: Das klingt, als spräche da ein Dichter. Wie steht es denn mit Ihrem Wunsch, ein Dichter zu werden? Hat er sich irgendwo in Ihnen erhalten?

J. Z.: Nein, das liegt weit zurück. Ich bin ein Handwerker der Sprache, wenn Sie so wollen. Sie können auch sagen: ein Sprecher. Ich habe im Grunde nur gelernt, Worte anderer nachzusprechen so, daß es meine Worte wurden, und so, daß andere sich in ihnen einrichten konnten.

Ich habe gelernt, Worte, von anderen, von Früheren gesprochen, nachzubuchstabieren. So vielleicht, daß Jesaja seine Predigt neu zu hören bekommt, aus dem Mund eines Spätgeborenen, und dabei erkennt, was in einem Strom von zwei oder drei Jahrtausenden sich halten konnte und nicht ertrunken ist, oder so, daß David seine Psalmen neu hört und ihre Abmagerung feststellt, die in unserer Zeit der Aushungerung der Lobgesänge geschieht. In einer Generation wie der unseren, der das Hymnensingen einmal recht eigentlich ausgetrieben worden ist und die heute nur noch nachstottern kann: »Ein gülden Kleinod Davids, vorzusingen«, und dann nur noch »Amen. Sela«. Die dabei vielleicht ihr eigenes, schmales Lied, sofern sich ihre Zeit überhaupt für Lieder eignet, entdeckt.

Mein Teil ist der eines Sprechers. Ein Sprecher wie ich vermutet, es sei irgendwo und irgendwann ein Wort gesprochen worden, das er nachsprechen sollte und das auch gegen allen Augenschein eine verborgene Geltung habe. Was ihm selbst dabei einfällt, das wird wohl im Lauf der Jahre unwichtiger, und wichtiger das, was das alte, sprechende Wort weitergibt.

3
Vierzig Jahre Sprecher für eine Kirche

M. K.: Und dann sind Sie Pfarrer geworden und es ein Leben lang geblieben. Sie sind in der kirchlichen Hierarchie nie auch nur die kleinste Stufe aufgestiegen. Sie hatten nie einen anderen Titel als den eines Pfarrers und sind doch seit gut dreißig Jahren einer der bekanntesten und wirksamsten Leute der evangelischen Kirche in Deutschland. Sie sind vielleicht der erfolgreichste Schriftsteller von religiöser Literatur, den es im deutschsprachigen Raum gibt. 160 Bücher und Schriften liegen vor in rund 700 Auflagen und in 15 Millionen Exemplaren. Sie waren seit fünfundzwanzig Jahren immer der Kirchentagsredner mit den größten Zuhörerzahlen. Sie waren durch mehr als dreißig Jahre das bekannteste Fernsehgesicht in den religiösen Sendungen, der »Mister Wort zum Sonntag«. Sie waren . . .
J. Z.: Haben Sie es nicht ein bißchen kleiner, damit ich mich wiedererkenne?

M. K.: Nein, ich muß noch weitergehen. Sie waren einer der ersten Sprecher der ökologischen Bewegung, einer der führenden Leute der Friedensbewegung. Sie haben für Unterricht und Erwachsenenbildung Tausende von Diapositiven über die orientalische Religionsgeschichte und die ganze christliche Kunstgeschichte herausgebracht. Sie haben sich in einem für einen Pfarrer ungewöhnlichen Maß in die moderne Physik eingearbeitet, Sie haben Kirchenlieder gedichtet, Sie malen Bilder, Sie arbeiten als Tischler und schaffen wunderschöne Möbel, Sie haben ein Filmstudio aufgebaut, Sie sind professioneller Fotograf, und Sie haben sich nie gescheut, Ihre persönliche Meinung zu sagen, unabhängig davon, was man in Ihrer Kirche für richtig hielt, und haben den Regierenden viel Ärger bereitet. Und wenn man in Ihr Privatleben hineinsieht: Sie haben eine Kinderfarm aufgebaut und zwanzig Jahre lang geleitet, einen Reiterhof für gesunde und für behinderte Kinder und standen oft und oft im Stall und auf dem Mist.

J. Z.: Nun muß ich aber etwas zurechtrücken. Ich wollte als junger Mensch Pfarrer werden, und ich bin es ein Leben lang geblieben. Das ist nichts Besonderes. Ich habe nie etwas anderes getan, als was man als Pfarrer tut: Kinder unterrichten, mit Jugendlichen umgehen, in einer breitgefächerten Seelsorge für die Menschen dasein, aktuelle Zeitfragen diskutieren, Briefe beantworten, Gottesdienste feiern, taufen und beerdigen und so weiter. Und ich bin froh, daß mich diese normale Arbeit eines Pfarrers immer begleitet hat und daß ich sie nie als lästig, sondern immer als Erfüllung meiner Wünsche empfand, die ich an mein Leben gerichtet habe. Und wenn ich noch einmal von vorn anfangen müßte, würde ich nichts anderes werden wollen.

Natürlich habe ich die Arbeit eines Pfarrers weitgehend mit anderen Mitteln getan als der normale Pfarrer. Ich habe viel Papier beschrieben, statt mündlich zu reden. Oder mit den Mitteln des Massenmediums statt in den Gemeindekreisen einer Ortsgemeinde. Aber gerade, weil ich die normale Arbeit eines Pfarrers dabei tat und gerade nicht die eines Fernsehmannes oder eines Dichters oder Schriftstellers, darum war der Kreis der Menschen, die mir zugehört haben, so groß. Und weil ich Pfarrer bleiben und nicht Oberkirchenrat oder Professor oder Bischof werden wollte, konnte ich zu allen Zeiten meines Lebens das sagen, was mir wichtig war und richtig schien, und mußte mich nie nach den Meinungen richten, die man als führender Vertreter einer Kirche im Normalfall zu vertreten hat. Wer etwas »werden« will, gibt mit jeder höheren Stufe, die er erreicht, ein Teil seiner Freiheit auf. Es gibt keinen unfreieren Menschen als den Karrieristen, und ich bin froh, daß ich meine Unabhängigkeit bis heute, da ich schon seit zehn Jahren im Ruhestand lebe, bewahren konnte.

M. K.: Es dürfte wohl kein Medium geben, das Sie nicht in den Dienst Ihrer Arbeit gestellt hätten. Es sind fast fünfzig Jahre, daß Sie im Rundfunk sprechen, fünfunddreißig Jahre, daß man Sie vom Fernsehen her kennt. Sie haben Filme gedreht, als Autor, als Mitspielender, als Regisseur. Sie haben in jungen Jahren einmal einen Verlag geleitet und haben dabei gelernt, wie man Bücher, Zeitschriften, Kalender, Plakate, Werbemittel, Presseberichte und so weiter macht. Sie haben Tonbänder herausgebracht, Kassetten, Platten, CDs und haben in all das den Ertrag Ihrer unzähligen Reisen in den Nahen Osten eingebracht. Sie sind ein bis zum heutigen Tag unablässig tätiges Multitalent. Wird einem eine solche Begabung in die Wiege gelegt, oder kann man so etwas lernen?

J. Z.: Ach, das ist zunächst einmal alles Handwerk. Das Handwerk eines Journalisten kann man erlernen. Man kann als Journalist lernen, was der Unterschied zwischen einer Nachricht und einem Kommentar ist. Das sind handwerkliche Dinge, die man können muß und können kann. Und im Fernsehen muß man wissen, was der Unterschied ist zwischen einem Spielfilm und einer Reportage. Das ist alles mit dem Medium vorgegeben, das müssen die lernen, die mit ihm umgehen. Für mich persönlich ist das Medium ein Zwischending, das irgendwo etabliert ist zwischen mir und den Menschen. Wenn ich durch ein Medium spreche, verändert sich notwendig meine Sprache.

Sie muß so sein, daß das Medium die Ausdrucksfähigkeit bekommt, die ich ihm wünsche. Und das geschieht durch eine jeweils eigene Sprechweise. Wenn ich im Fernsehen rede, dann rede ich zwar direkt zu der alten Dame, die auf dem Sofa sitzt, aber ich bin nicht der, der ihr gegenübersitzt. Das muß ich wissen. Und ich muß meine Sprache noch deutlicher machen, noch durchsichtiger, damit sie dieses nur teilweise durchsichtige Medium übersteht. Aber das Medium ist das Medium und nicht die Sache selbst. Es ist Handwerk.

Ich glaube dabei vor allem, daß die meisten Menschen mehr könnten, wenn sie sich mehr zutrauen würden. Begabungen werden im allgemeinen bei uns nur ausschnittweise geweckt. Ich war in unzählig verschiedenen Situationen im Laufe meines Lebens, ich bin sehr verschiedenen Aufträgen begegnet und habe mir jeweils schlicht erklärt: Das mußt du können! Also kannst du es. Und wenn man das einmal gesagt hat, ist man auch verpflichtet, es zu können. Auf diese Weise kam ich in sehr verschiedene Sparten des publizistischen Gewerbes hinein und habe mich darin immer wohl gefühlt. Die meisten Menschen könnten mehr, wenn sie zu mehr herausgefordert würden.

M. K.: Hat diese Ihre Virtuosität Sie schon einmal geängstigt?
J. Z.: Ach nein. Meine Arbeit hätte mich vielleicht ängstigen können, wenn ich das Bedürfnis gehabt hätte, etwas Besonderes oder immer in Topform zu sein. Wenn ich einen Zwang daraus gemacht hätte. Aber ich stand ja immer in konkreten Situationen und hatte immer für irgendwelche Menschen etwas Konkretes zu tun. Und wenn man das sorgfältig tut, verliert sich die Sorge darum, was denn aus einem selbst, aus dem eigenen Ruhm zum Beispiel, wird.

M. K.: Wenn man Ihren publizistischen Weg verfolgt, fällt auf, daß es eine ganze Reihe von Themen gibt, mit denen Sie jeweils um eine lange Reihe von Jahren der allgemeinen öffentlichen Meinung voraus waren. Sie haben mitten im Kalten Krieg für Abrüstung plädiert. Sie haben für einen sorgsameren Umgang mit der Natur gekämpft zu einer Zeit, als Umweltschützer als Chaoten galten oder mindestens als Schwachköpfe in Jesussandalen und als in der Kirche der Umgang mit der Schöpfung überhaupt noch nicht als theologisches Thema galt. Sie erklären seit vierzig Jahren, das Zeitalter der Konfessionen sei vorbei. Wie macht man das, daß man solche Themen vorweg erkennt oder vorwegnimmt, die erst später von der Öffentlichkeit entdeckt werden?
J. Z.: Ich habe da nichts Besonderes getan. Ich habe mit meinen Sinnen gelebt. Ich habe meine Nase in den Wind gehalten, tief durchgeatmet und festgestellt, woher der Wind kam und wohin er wehte. Und ich kam dabei in der Regel auf die Themen, die

jetzt eben auf uns zukommen, und konnte sie aufgreifen und vielleicht auch etwas dazu sagen. Ich habe die Augen aufgemacht und zugesehen, was in meiner Zeit geschah, was für Gefahren drohten, was für Aufträge auf uns zukamen. Ich habe sozusagen die Schicksale, die mir in die Hand kamen, abgetastet mit den Fingerspitzen, um zu sehen, was die zu leiden oder zu tun hatten, die von ihnen betroffen waren. Ich habe immer lange und sorgfältig zugehört, wenn mir etwas erzählt wurde, und habe mich gefragt: Was sagen die Menschen? Was denken sie? Was würden sie gerne aussprechen? Wie kann ich ihnen dazu helfen, das auszusprechen, für das sie die Worte nicht haben? Und habe mich bemüht, einer zu sein, dem gegenüber sie die Sprache fanden, um zu sagen, was sie sagen wollten. Es war eigentlich eine Art Sinnlichkeit, mit der ich aufnahm, was um mich her geschah, und dann erst der Versuch, behutsam und verständlich meine Antwort zu geben. Und immer gab es Menschen, die ähnlich dachten. Ich war danach nie allein, sondern immer mitten in einer beginnenden Diskussion.

M. K.: Haben Sie dafür ein Verfahren?
J. Z.: Ein Verfahren? Vielleicht, wenn man es nicht zu starr faßt. Vielleicht könnte ich zwei Teile eines Verfahrens nennen, mit Vorsicht.

Ein erstes: Ich fange immer, auch wenn ich etwas schreibe oder ein Fernsehwort am Schreibtisch vorbereite, damit an, daß ich mich in irgendwelche andere Menschen hineinversetze. Das fing eigentlich schon während meiner Zeit als Soldat an. Ich habe mich damals immer wieder irgendwelchen Menschen anvertraut, ihnen Gedichte vorgelesen, die ich geschrieben hatte, ihnen von meinen Gedanken erzählt und dabei immer wieder schwere Enttäuschungen und Vertrauensbrüche erlebt. Ich nahm mir damals vor, mich von dem, was ein Mensch sagte, nicht mehr täuschen zu lassen. Ich studierte Physiognomik, um einem Gesicht ansehen zu können, ob es vertrauenswürdig war, ich studierte Grafologie, um der Schrift eines Menschen ansehen zu können, wie ich ihn einzuschätzen hätte. Ich beobachtete die Bewegungen von Armen und Beinen beim Gehen, beim Sitzen, um ihnen etwas anzusehen von dem Menschen, der da vor mir saß oder sich bewegte. Ich habe mir damals eine gewisse Fähigkeit angeeignet, in der Figur anderer Leute spazierenzugehen. Es war die reine Selbstverteidigung. Aber wenn danach die Selbstverteidigung unwichtig wurde, dann blieb doch die Fähigkeit, fremde Lebensläufe, fremde Schicksale, fremde Erfahrungen mitzuerleben. Das ist ein solches Verfahren. Es geht also nicht primär darum, was ich den Menschen selbst sagen oder raten will, sondern darum, erst einmal in den Menschen zu sein, zu denen ich komme oder zu denen ich sprechen soll. Was mir selbst das Herz bewegt, wird dabei verhältnismäßig unwichtig. Das ist das eine.

M. K.: Und das andere?
J. Z.: Das andere, das dem ersten zu widersprechen scheint, ist dies: Wenn ich auf die Dauer gehört werden will, darf ich nie etwas sagen, das meiner eigenen Überzeugung nicht entspricht. Nur wenn ich als die Person, die man mit meinem Namen identifiziert, spreche und nicht nach rechts oder links Zeitmeinungen nachlaufe, stehe ich dreißig oder vierzig Jahre publizistisch durch. Da aber Zeitmeinungen immer einen bestimmten Pendelschlag haben, der nach jeweils ein paar Jahren nach rechts oder links ausschlägt, man selber aber im Grunde derselbe bleibt und die eigenen Erfahrungen nicht in jede Mode passen, empfiehlt es sich, möglichst jede zweite Mode unbeachtet zu lassen und immer wieder für etwas zu stehen, das nicht in den Zeitgeist paßt.

M. K.: Aber Sie müssen doch zu einem Handwerker anders sprechen als zu einem Intellektuellen, zu einem jungen Menschen anders als zu einer alten Dame im Seniorenheim?
J. Z.: Nein, das glaube ich nicht. Ich halte es sogar für eine aus-

gesprochene Sackgasse, jeweils nach einer Spezialsprache zu suchen, die bestimmte Menschen verstehen. Die Probleme, mit denen die Menschen wirklich ernsthaft zu tun haben, sind zwischen einfachen Menschen und sehr klugen so verschieden nicht. Wenn eine Frau ihren Lebenspartner verliert, geschieht in ihr etwas, das völlig unabhängig von ihrem Bildungsgrad ist und das sie mit allen übrigen Frauen verbindet, denen dies widerfährt. Und wenn ich eine Sprache suche, die nur die einen und nicht die anderen verstehen, dann habe ich, was in den Menschen vorgeht, selbst nicht verstanden. Die wichtigen Dinge zeichnen sich durch alle sozialen Schichten hindurch. Wenn es mir gelingt, mich in den einen hineinzuversetzen ebenso wie in den anderen, dann öffnen sich die Türen, und das, was für beide wichtig ist, kommt zur Sprache.

M. K.: Es fällt auf, daß Sie nicht gerne von Erfolg reden. Sie haben einmal gesagt, nicht der Erfolg sei wichtig, sondern der Ertrag.

J. Z.: Ach, wissen Sie, für einen Pfarrer hat das Wort Erfolg sehr wenig Sinn. Was ist denn Erfolg? Wie will ich im Dienst eines Pfarrers messen, was dabei herausgekommen ist? Was bei einem Pfarrer herauskommen kann, das ist zum Beispiel, daß sich in einem Menschen, mit dem er geredet hat, etwas ändert. Oder daß in dem Menschen, mit dem er redet, etwas frei wird. Oder daß der Mensch, mit dem er geredet hat, entlastet von dannen zieht. Aber wie will ich das messen? Das kann ich in den meisten Fällen überhaupt nicht feststellen. Der Beruf eines Pfarrrers ist ein typisch erfolgloser Beruf. Wer Erfolge sehen will, der darf nicht Pfarrer werden. Ich rede lieber von einem Ertrag, aber ich würde auch von diesem Ertrag nicht so sprechen wie von etwas, das ich sehen kann. Es gibt im Mittelalter sehr hübsche Bilder, ich habe eines davon in die Wand meines Dienstzimmers einzementiert, um mir das immer vor Augen zu halten. Da steht ein Mann mit einer Hacke in der Hand, bereit zur Arbeit. Und hinter ihm wächst aus der Wand ein grüner Zweig. Das heißt: Jetzt arbeite mal tüchtig, was dabei an Ertrag am Ende herauskommen wird, das wächst hinter deinem Rücken, das kannst du nicht sehen. Am Ende aber wird das Entscheidende das sein, was im verborgenen, sozusagen hinter dir, entstanden ist.

M. K.: Aber wie bringen Sie das alles, was Sie tun, in Ihrem Tag unter? Das fragen sich viele. Haben Sie eine bestimmte Zeiteinteilung?
J. Z.: Die Zeit ist der Rahmen, innerhalb dessen aus dem, was ich tue, etwas herauskommen sollte. Sie bringt eine Aufgabenstellung, eine begrenzte, und ich muß sehen, daß ich schnell arbeite, aber ohne Eile. Und wenn man das zusammenbringt, schnell zu arbeiten, aber ohne Eilfertigkeit, ohne Hetze, dann hat man mit der Zeit ganz guten Kontakt, und dann klagt sie einen auch nicht ständig an. Etwa so: Du hast was versäumt, oder du hast deine Zeit vertrieben, oder du hast deine Zeit totgeschlagen, oder du hast nicht bedacht, wie kurz ich bin. Dann ist die Zeit ein normales Maß, das wir genau kennen und das wir messen und mit dem wir umgehen.

M. K.: Aber Ihr Tag hat ja nur vierundzwanzig Stunden.
J. Z.: Na ja, aber die hat er doch! Das ist doch nicht wenig. Ich bin ein Frühaufsteher. Ich stehe zur Zeit zwischen vier und halb fünf auf, arbeite drei Stunden, dann lege ich mich noch mal eine Stunde aufs Ohr, dann frühstücke ich, dann habe ich noch mal drei Stunden bis zum Mittagessen. Dann horche ich noch einmal in die Matratze. Ein alter Mensch muß sich öfter hinlegen. Und danach, wenn ich um zwei Uhr wieder munter bin, dann kann ich noch mal vier, fünf Stunden arbeiten. Ich will die Zeit ausnützen. Ich habe noch etwas zu tun. Ich werde mir Faulheit hin und wieder gönnen, aber nicht prinzipiell. Ich meine, es gebe noch immer Menschen, die etwas von mir erwarten.

M. K.: Bleibt da noch Zeit für ein Hobby bei Ihrem so strengen Tagesablauf?

J. Z.: Ach ja, wenn ich an meinem Schreibtisch das Gefühl habe, es falle mir nichts mehr ein, oder ich habe das Gefühl, mein Kopf mache nicht mehr mit – das kommt vor –, dann gehe ich in meine Schreinerwerkstatt, die ich direkt neben meinem Büro, meinem Arbeitszimmer habe, und baue Möbel. Das ist eine Sache, die ich seit meiner Kindheit liebe und betreibe. Ich bin als kleiner Junge immer zu einem Schreiner gegangen, habe ihm zugeschaut und mir zeigen lassen, wie man Möbel baut. Das hat mich immer sehr interessiert. Und als meine Enkel zur Welt kamen, habe ich jedem eine Wiege gebaut und danach das Spielzeug jeweils, das sie nötig hatten. Sitzgruppen für sie und ihre Freunde oder Schaukelpferde oder Tische oder auch das Schränkchen, das hinter mir an der Wand hängt, das meine Antiquitäten enthält. Dann arbeite ich zwei Stunden in meiner Schreinerei, und danach ist der Kopf wieder frei, etwas zu denken.

M. K.: Es hat mal jemand gesagt, in Zinks Sprache gehe es zu wie im Autogenen Training. Zinks Sprache narkotisiere, mache betrunken. Beleidigt Sie diese Aussage, diese Feststellung, wenn es überhaupt eine ist, oder schmeichelt Ihnen das?

J. Z.: Weder noch, es ist eben ein Mißverständnis. Meine Sprache versucht, die Menschen von ihren Gedanken, die sie im Kopf haben, ein bißchen tiefer in sich selber hineinzuführen, ein bißchen näher an ihre eigene Seele und ein bißchen tiefer in die Gegend, wo das Unbewußte anfängt und wo die Bilder anfangen. Und wenn dann einer erlebt, daß er mitgehen muß, dann drückt er das so oder ähnlich aus. Aber er hat etwas erfahren von dem, was ich will, daß er nämlich nicht nur im Kopf nachdenkt, sondern mit seinem ganzen Menschen, und wenn er den eigenen Menschen so wenig kennt, daß er sich in sich selbst in einer fremden Gegend befindet, dann tut mir das leid für ihn.

M. K.: Wir reden hier über Gott, über die Menschen, über die Welt. Läßt sich, was Sie sagen, in der Erkenntnis zusammenfassen, die eigentlichen Lehrentscheidungen Jörg Zinks fielen nicht in der dogmatischen Höhe, sondern auf der Erde mit ihrem Leben und Leiden und Sterben? Läßt sich Ihr Lebenswerk auf diesen Satz bringen?

J. Z.: Ja und nein. Daß das zweite, die Rede zu den konkreten Dingen, für die Menschen im Vordergrund steht, ist klar. Aber wenn ich nicht subtil über Theologie nachdenke, auch über die Grundfragen der Dogmatik, kann ich einem alten Mann das tröstliche Wort nicht sagen. Ich muß doch wissen, was ich sage und wie tragfähig es ist! Ich muß erklären können, was ich sage. Ich muß Gründe haben, etwas zu sagen. Ich sage es ja nicht bloß, weil der alte Mann es braucht, sondern weil es meiner Überzeugung entspricht. Und meine Überzeugung verlangt, daß ich mir geistige Rechenschaft gebe über das, was gelten soll und was nicht, und darin besteht nun einmal theologische Arbeit, theologisches Nachdenken. Ich kann nicht darauf verzichten, Theologe zu sein.

M. K.: Wann sind Sie in die Publizistik hineingeraten?

J. Z.: Schon als Student. 1947 fing ich mit Schulfunksendungen an. Aus Interesse. Aber auch weil ich mein Studium nur durch Nebenarbeiten finanzieren konnte. Als ich ein junger Gemeindepfarrer war, saß ich einmal nächtens mit ein paar Freunden, einem Kreis von publizistischen Anfängern, die heute noch einen guten Namen haben, in einem Wirtshaus, und wir dachten über einen »Kirchenspiegel« nach, den wir herausbringen wollten. Ein boshaftes Blatt, das die Torheiten, die bescheidenen Skandälchen und die großen Langweiligkeiten in unserer Kirche an die Marktglocke hängen sollte und das am Ersten des Monats keiner unserer großen Herrn aus der Hand legen sollte, ehe er aufatmend festgestellt hätte, daß er nicht vorkam. Sie merken, das geschah in einer Zeit, in der es in unserer Kirche noch Autoritäten gab, gegen die es sich lohnte aufzustehen. Und es geschah in der Altersstufe, in der man sich alles zutraut. Aber wie es so geht, es blieb beim Wein und beim Wirtshaus, und die Welt blieb von den Offenbarungen unseres Blattes verschont. Denn zum ersten sind ja die Fehlleistungen in unseren Kirchen auch wieder nicht so abwechslungsreich, daß die Spannung länger als einen halben Jahrgang hätte anhalten können. Und zum anderen ist die bloße Bosheit noch kein Beweis des Geistes und der Kraft.

M. K.: Schade ist es doch, daß der »Kirchenspiegel« nicht da war in den letzten Jahrzehnten. Er hätte eine Funktion gehabt. Nicht nur als Kritik an der Kirche, sondern im Sinn einer Auseinandersetzung des Christentums mit der allgemeinen Kultur. Apropos Kultur: Was wären kulturelle Beiträge der Kirchen zum allgemeinen Stand der öffentlichen Diskussion?

J. Z.: Es wäre zum Beispiel die Versöhnung zwischen den Konfessionen ein Beitrag zur kulturellen Einigung Europas und zu einer interkulturellen sozialen Landschaft. Es hätte eine kultivierte Wiedervereinigung der Kirchen in Deutschland anstelle einer kirchlichen »Heimkehr ins Reich« ein Beitrag zu einer kultivierten politischen Wiedervereinigung sein können dadurch, daß man sich entschlossen hätte, über einige unbequeme Dinge gemeinsam nachzudenken. Es könnte die Wiederentdeckung einer Theologie der Schöpfung ein Beitrag zur geistigen Grundlegung der Umweltpolitik sein.

Es könnte ein Beitrag zur Kultur des interreligiösen Gesprächs sein, wenn das Christentum sich theologisch wieder als Religion verstünde. Die Kirche hätte durchaus die Möglichkeit, die Diskussion über den Feminismus zu kultivieren dadurch, daß sie ihm erst einmal selbst Raum gäbe. Der Versuch mit 80-Prozent-Stellen für Pfarrer könnte ein Beitrag zur Kultur der Verteilung von Arbeit in unserem Land sein. Oder ich frage mich, ob ein unverkrampftes Verhältnis der Kirche zur Macht, auch zu ihrer eigenen, nicht ein Beitrag sein könnte zur Überwindung des Mißbrauchs der Macht auf diesem Erdboden.

Es könnte auch ein Beitrag zur Freiheit einer publizistischen Kultur sein, wenn Kirchenleitungen und Gemeinden verstünden, daß ein Pfarrer nicht notwendig Allotria treibt, wenn er sich gedrängt sieht, zu öffentlichen, gar politischen Tagesfragen Stellung zu nehmen. Es könnte auch ein Beitrag zu einer demokratischen Sprachkultur sein, wenn die Kirche bei der Wahl ihrer Sprache bedächte, daß sie nicht nur verantwortlich ist für das, was sie sagt, sondern sehr entschieden auch für den Zustand, in dem ihr Wort im Ohr des Hörers ankommt: als Phrase, als Mißverständnis oder als verstehbare Wahrheit.

M. K.: Gibt es denn überhaupt noch eine Kultur, die alle Lebensgebiete umfaßt?

J. Z.: Wir reden hier miteinander am Ende einer großen Kulturepoche, der Neuzeit, die im 16. Jahrhundert begann und im 20. endete. Die Neuzeit hat ja auch das Neue in die Weltgeschichte gebracht, daß sie die vier Aspekte einer Kultur – Religion, Moral, Kunst und Wissenschaft – voneinander getrennt hat. Unter dem Stichwort »Autonomie der Lebensgebiete« haben sie je ihre eigene Identität gefunden, ihren Selbstwert und auch ihre Selbstgerechtigkeit.

Was wir heute erleben, ist, daß eine selbstgerechte Moral in Gefahr ist, böse zu werden, eine selbstgerechte Wissenschaft käuflich, eine selbstgerechte Kunst wesenlos und eine selbstgerechte Religion unglaubwürdig.

Was wir heute erleben, ist der Zerfall unserer Gesellschaft in Interessengruppen und Verbände aller Färbungen. Und was wir überdeutlich sehen, das ist, daß sie im Lande die Macht haben, dem Land nicht nur zum Segen. Und was dabei klar ist wie Wasser, das ist, daß sie alle an journalistischer Freiheit und Sachtreue nicht interessiert sind. Auch die Kirchen werden an wahrer Berichterstattung, sofern sie sich als Interessengruppen verhalten, nicht interessiert sein, sondern wie alle anderen nur an dem, worin sie sich bestätigen.

Wenn ich mich aber frage, was in einer heutigen Gesellschaft, die von Interessen, das heißt vor allem auch vom Desinteresse an der Wahrheit, durchgefärbt ist wie die unsre, der Beitrag eines Publizisten sein kann, dann wird es jene Unbestechlichkeit und Offenheit sein, die den Namen Freiheit trägt. Freiheit des Bürgers, Freiheit des Christen. Freiheit des Gewissens und der Rede. Die Freiheit, mit der er öffentlich redet von dem, was er denkt über das, was ist, oder von dem, was er vermutet, daß es sei.

Nun gibt es heute wohl kaum noch einen Menschen, der das ganze Feld unserer ausgefransten Kultur noch überblickte. Entsprechend vereinfacht sich für mich manches im Lauf der Jahre, so daß das Notwendige sich deutlicher und kürzer sagen läßt.

M. K.: Was läßt sich heute kurz sagen?

J. Z.: Was ich heute verkürzt und vereinfacht sagen kann, ist dies: Der kulturelle Beitrag eines Publizisten, der ein Christ ist, ist die Freiheit, in der er lebt und schreibt und redet. Ist die Uneigennützigkeit eines Menschen, der Vorschriften von Organisationen oder Autoritäten nicht zu befolgen hat und von Einschaltquoten nichts befürchtet. Und zu dieser Furchtlosigkeit möchte ich jedermann Mut machen, der im publizistischen Geschäft steht.

Freiheit ist eine Sache, die Ihnen niemand eröffnen kann. Keine Behörde und kein Verwaltungsrat kann Ihnen Freiheit geben. Die müssen Sie schon mitbringen. Wer ein Nachschwätzer ist, bleibt es auch im noch so freien publizistischen Rahmen. Wenn mir zum Beispiel hin und wieder ein Pfarrer erklärt, er fühle sich so unfrei in seiner Kirche, dann vermute ich, daß er keine Freiheit mitgebracht hat, als er in den Dienst seiner Kirche eintrat. Auch eine Kirchenleitung kann dem keine Freiheit geben, der nicht selbst weiß, was das ist.

Die Freiheit war immer schon ein verfolgtes Wesen in diesem unserem Lande. Sie liegt sozusagen wie eine Asylantin vor unserer Tür und wartet auf den, der sie aufhebt und einläßt. Aber das immerhin ist möglich. Und es ist ein Zeichen weitverbreiteter

Zaghaftigkeit, daß es als ein Zeichen des Mutes gewertet wird, wenn einer sich zu freier Rede aufrafft. Wenn in einem publizistischen System Mut überhaupt ein Thema ist, so mangelt es an Freiheit. Freiheit ist die bloße Selbstverständlichkeit, mit der einer sagt, was ist. Sie ist nicht Ausgewogenheit, denn nichts in dieser Welt ist ausgewogen. Freiheit ist nicht Leisetreterei, sondern Einmischung. Und mir scheint, diese Freiheit habe beispielsweise in den Funkhäusern in den fünfundvierzig Jahren, die ich nun in ihnen aus- und eingehe, ein gutes Stück ihrer Selbstverständlichkeit und ihrer Kraft verloren.

M. K.: Und was kann man für die Freiheit des Journalisten heute tun?

J. Z.: Weder Parteien noch Verbände, noch Regierungen sind im Normalfall an der Freiheit des Publizisten interessiert, und eine Kirche, der an öffentlichem Lob gelegen ist, wird es auch nicht sein. Der Publizist aber, der ein Christ ist oder sein möchte, muß ein Heimatrecht in seiner Kirche haben und dieses Heimatrechts gewiß sein dürfen, unabhängig davon, welcherlei Stoff er zu bearbeiten hat und welcherlei Meinung er vertritt. Und die Kirche muß den besonderen Geist der Freiheit, aus dem sie lebt, darin bewähren, daß ihr der kritische Berichterstatter nicht zum Außenseiter oder Feind gerät.

Aus noch einem anderen, besonderen Grund geht es nicht an, daß eine Kirche oder eine Gemeinde die Freiheit des Beobachters oder Berichterstatters eingrenzt. Der Journalist spricht von dem, was heute ist, was heute bedacht werden muß. Eine Kirche kann auf eine neu aufkommende Zeitströmung immer erst in einem Abstand von Jahren reagieren. Wer zum Beispiel die Bekehrung der deutschen Kirchen in den letzten dreißig Jahren zu den Themen Frieden, Gerechtigkeit und Bewahrung der Schöpfung erlebt hat, dieses mühsame, widerstrebende Erwachen mit einem durchschnittlichen Verzug von zwanzig Jahren, diese klammheimliche Wendung derer, die ihren Pfarrern zu diesen Themen politisches

Schweigen verordnet hatten, bis zu dem Zeitpunkt, da sie selbst ihre Delegierten mit den inkriminierten Themen zu den konziliaren Konferenzen entsandten – der weiß, wovon ich rede und was der Sinn der Freiheit ist, die der haben muß, der die aktuelle Herausforderung nicht verschlafen will.

M. K.: Sie waren und sind ein Publizist der Kirche. Ist die Rede innerhalb der Kirche frei? Wie drückt sich diese Freiheit in der Kirche publizistisch aus?
J. Z.: Die Rede in der Kirche ist frei, wenn der, der redet, ein freier Mensch ist. Duckmäuser gibt es in allen Lagern. Die Freiheit einer Kirche erweist sich unter anderem darin, daß sie über die Denkgrenzen und Denkzwänge einer Epoche hinaus mit eigener Energie über das zukünftig zu Denkende und zu Bewirkende spricht. Denn unsere Kirchen scheitern mit ihren politischen oder gesellschaftlichen Aufrufen fast regelmäßig daran, daß sie meinen, sie müßten zuerst und vor allen eigenen Einfällen das respektieren, was man sonstwo jeweils für machbar hält, und müßten also die Denkparzellen, die irgendwer geschützt sehen möchte, in ihre eigenen Texte gleich selbst einbauen.

M. K.: Die Kirche spricht aber doch mit der Absicht, etwas zu bewegen?
J. Z.: Das Wort einer Kirche wird nur dann etwas bewegen, wenn es auf solche Meinungen, was denn machbar sei, nicht eingeht, sondern die Ziele weiter steckt, über den Tag und die Schlagzeilen des Tages hinaus. Die Kirche muß auf einen Weg verweisen, der jetzt noch nicht begehbar scheint, damit ein Prozeß in Gang kommt, der am Ende auf ebendiesen unbegehbaren Weg führt, der sich danach als begehbar erweisen wird.

Ein Beispiel: In unserer Zeit läuft alles auf die Verschmelzung von Konfessionen, mindestens auf den Abbau konfessioneller Aversionen hinaus. Ob eine Kirche das merkt, ist eine andere Frage. Der Papst besuchte Deutschland. Ich hieß ihn im »Wort zum

Sonntag« willkommen, nicht ohne mit freundlichen Worten hinzuzufügen, ich begrüßte ihn als einen Bruder in Christus und bedauerte, daß er sich »Heiliger Vater« nennen lasse. Denn solange dieser Anspruch bestehe, werde die ökumenische Verschwisterung zwischen den Konfessionen eher behindert als gefördert.

Danach schrieb der Vorsitzende der Bischofskonferenz einen Brief aus Köln an den Regionalbischof des ungefähren Inhalts, er wünsche Bericht, was das Ordinariat gegen diesen evangelischen Pfarrer zu unternehmen gedenke. Der Bischof sandte seinen Fachreferenten aus, der schrieb einen Brief an den Pfarrer in schöner, kriegführender Sprache. Er focht seine Kämpfe beim Intendanten, vor dem Rundfunkrat, dem Fernsehrat und in den Redaktionen der Fernsehleute aus. Die evangelische Kirchenleitung fand das Ganze peinlich – so gradlinig sollte man das Evangelium dann doch wieder nicht auslegen, auch nicht so evangelisch – und goß sanftes Öl auf die brausenden Wogen. Und nach einer Reihe freundlicher Kontakte zwischen den Bischöfen wurde die Sache unter die Vorgänge abgelegt, die nicht hätten geschehen sollen und darum gewiß auch nicht geschehen sind. Ergebnis: Druck aus den oberen Rängen im Funkhaus hinab zur zuständigen Redakteurin, die ihre Rüge abbekam. Summa: Freiheit der Rede in einem freien Land und in einer freien Kirche?

M. K.: Danach ist die Bedingung der Freiheit und der Wirkung die, daß ein Sprecher nach seinem eigenen Urteil seine Themen suchen darf und sagen, was er persönlich für richtig hält.

J. Z.: Kein Zweifel. Was einer auf seiner Kanzel oder im »Wort zum Sonntag« sagt, kann ihm nicht von Amts wegen vorgeschrieben werden. Es muß ihm anzumerken sein, daß er als freier Mensch redet. Und ich bestätige dankbar, daß mir in dreißig Jahren weder eine Kirche noch ein Funkhaus je eine Vorschrift gemacht hat, über was ich zu reden hätte oder was mir untersagt sei. Sie haben hinterher oft Kritik geübt, aber nie für künftige Sendungen Themen vorgeschrieben oder verboten. Wer da spricht, hat keinen

Katalog kirchlicher Interessen zu berücksichtigen. Er steht und fällt damit, daß er etwas zu sagen hat. Was er sagt, das steht und fällt damit, daß sein Wort transparent wird auf seine Person hin. Und dieser Weg kann nur evident sein aus dem geistlichen Wagnis heraus, das in der Konsequenz einer geistlichen Einsicht liegt und das aus der Energie eines Glaubens, also der Energie der Freiheit, folgt.

M. K.: Ein Publizist der Kirche steht aber doch nicht allein. Er ist Sprecher einer Kirche. Irgendeine Bindung an die gemeinsame Botschaft seiner Kirche muß ihm doch anzumerken sein. Freiheit ist doch nicht alles.

J. Z.: Sie haben recht. Was ist das Gegenstück, das der Freiheit die Waage hält? Die Freiheit, die ich brauchte, habe ich mir in fünfundvierzig Jahren publizistischer Versuche immer genommen. Es gibt aber etwas, was ich in all den Jahrzehnten stets nötig hatte. Nämlich die Verläßlichkeit des beistehenden Gesprächs, des ermutigenden, des korrigierenden. Was ich nötig hatte, war das Gespräch mit denen, die so einsam wie ich in der Landschaft standen. Ich habe oft von einer Gemeinschaft geträumt, der ich angehören möchte und in der die schwesterliche und brüderliche Tröstung gegeben und empfangen werden könnte, die so nötig ist. Unsere Organisationen sind alle zu groß, als daß es in ihnen so etwas wie Trost oder Beistand geben könnte.

Dazu kommt, daß Theologen, die in das Geschäft eines Publizisten eintreten, etwas tun werden, das sie nicht gelernt haben. Und so zeichnen sich die Anfängerfehler durch die ganze Zeit hindurch bis zu dem Punkt hin, an dem einer wieder zurückkehrt in eine Gemeinde oder ein anderes kirchliches Amt. Ich würde mir heute, stünde ich noch am Anfang, einen gescheiten Journalisten suchen, der mich in den ersten Jahren begleiten und beraten würde. Denn man kann in der kirchlichen Publizistik auf manches verzichten, zum Beispiel die vollmundige Rede vom Öffentlichkeitsanspruch der Kirche, nicht aber auf Sachkenntnis. Die Meinung aber, wem Gott ein Amt gebe, dem gebe er auch die Kompetenz, gehört gewiß zu den Irrlehren.

Ich will noch einen Schritt weiter gehen. Man hat gerade in letzter Zeit immer wieder nach einem runden Tisch für die evangelische Publizistik gerufen. Mag sein, daß das hilfreich wäre. Ich möchte aber darüber hinaus einen Gedanken wiederholen, den ich vor mehr als zwanzig Jahren einmal vorsichtig angesprochen habe, und diesmal vielleicht noch ein wenig lauter als damals: Wäre es nicht, so frage ich, sinnvoll, wir fänden uns eines Tages zu einem »publizistischen Orden« zusammen, der den einzelnen Sprecher und Schreiber aus seiner Isoliertheit löste und ihn einbände in eine Gemeinschaft von Schwestern und Brüdern des gleichen Auftrages, zu einem Orden, dessen Regeln weit abseits der bisherigen Ordensgeschichte gesucht werden müßten? Ich hatte damals nicht den Mut, ihn zu sammeln, und heute bin ich zu alt. Aber vielleicht steht doch in unserer Mitte eines Tages die Frau oder der Mann auf, der oder dem die Vollmacht dazu gegeben ist. Denn Freiheit entsteht immer wieder aus einer Gemeinschaft, die sich in Freiheit bindet.

Und wenn das zu groß gedacht ist, dann genügt es vielleicht doch auch, wenn da und dort fünf oder zehn von uns sich zusammenfinden, um im Gespräch zu klären, was in dieser Zeit zu sagen ist und wie es geschehen kann. Denn die Freiheit, die der einzelne in Anspruch nimmt, muß geschützt werden, will sie überleben. Sie muß geschützt werden nicht nur vor dem Zugriff der Mächtigen, sondern auch vor sich selbst. Vor der Beliebigkeit, vor der Leichtfertigkeit, vor der Rechthaberei, vor den Irrtümern und vor dem Eifer des falschen Propheten. Ich kann Ihnen heute nicht sagen, wie das aussehen würde, und vielleicht ist hier zu seiner Erörterung auch nicht der Ort. Ich male es mir nur wieder einmal als Wunschtraum in die überall vorhandenen Wolken und denke mir, es müsse nicht ewig ein Traum bleiben. Denn unsere Aufgabe wird nicht leichter in den kommenden Jahren, sondern schwerer. Und der Mut hat schon manchen verlassen. Mut aber kann bewahrt werden, wenn es unter Geschwistern das freundliche, das glasklare, das gütige und das schonungslose Gespräch gibt, aus dem keiner herausfällt, der sich ihm verpflichtet. Und dies wäre, so meine ich, unter anderem auch ein authentischer Beitrag der Kirche zu einer Kultur des öffentlichen Gesprächs.

4
Ein Pfarrer redet politisch

M. K.: Ich erinnere mich, daß Sie vor etwa zwanzig Jahren, als Sie noch mitten in der Öffentlichkeit standen, als Widerspruchsgeist galten. Haben Sie eigentlich von politischer oder kirchlicher Seite viel Widerstand erfahren?

J. Z.: Von politischer Seite viel, von kirchlicher Seite wenig. »Ein Pfarrer versteht nichts von Politik, also soll er den Mund halten«, das war im allgemeinen die Reaktion von konservativer Seite. Aber ich empfand diese Art Rügen nie als zutreffend. Wenn wir eine Demokratie haben, dann setzen wir voraus, daß der Bürger etwas von Politik verstehe. Und in meinem Fall nicht weniger als der Jurist oder Wirtschaftsfachmann, der Beamte oder ein Handwerker oder eine Hausfrau. Man kann nicht den Bürger zur lebendigen Mitwirkung aufrufen und gleichzeitig erklären, er habe den Mund zu halten, weil er nichts von Politik verstehe.

M. K.: Es gab viele Situationen, in denen Sie zu aktuellen Vorgängen gesprochen haben. Ich erinnere an die Entführung von Hanns Martin Schleyer, oder ich denke an das fürchterliche Geschehen der Geiselgangster von Gladbeck, die in einer tagelangen Irrfahrt durch Deutschland mit ihren Opfern herumgefahren sind. In einer Zeit der Ratlosigkeit haben Sie es verstanden wie kein anderer, im richtigen Augenblick das rechte Wort zu sagen. Man hat Ihnen das abgenommen, was Sie in einer solchen Situation zu sagen verstanden, während andere regelrecht sprachlos dem Schrecklichen ins Gesicht starrten.

J. Z.: Das hängt mit dem zusammen, daß es keinen Vorgang im Menschenleben gibt, der nicht einen religiösen Hintergrund hätte und also einer religiösen Hintergrunddeutung bedürfte. Helmut Schmidt hat damals das Wort geprägt, es komme darauf an, »nichts zu versäumen und nichts zu verschulden«. Wenn ein Bundeskanzler die Sensibilität besitzt, solche Dinge öffentlich zu benennen, dann ist es nicht so schwierig zu zeigen, was mit dem, was wir dann tatsächlich versäumen oder verschulden, gemacht werden muß, wie wir damit umgehen können, ohne uns anschließend selber anspucken zu müssen. Und wie wir aus einer solchen Situation herauskommen können, ohne alles zu verdrängen oder irgendwelche Siege auszurufen, die keine Siege waren.

Ich kann es ja an dem Wort zum Sonntag von damals zu zeigen versuchen. Damals 1977, in den Tagen der Entführung der Lufthansamaschine durch Terroristen in Mogadischu, spitzte sich die Lage in dem gekaperten Flugzeug so zu, daß man abends, als das »Wort zum Sonntag« fällig war, das Schlimmste fürchtete. Man ahnte, daß das Flugzeug in der Nacht gestürmt werden sollte, und was dann geschehen würde, das konnte niemand sagen. Ich habe damals den Text, den ich eigentlich sprechen wollte, weggeworfen und habe live einen anderen gesprochen, unmittelbar aus meiner eigenen Betroffenheit heraus:

»Guten Abend, meine verehrten Damen und Herren!

In dieser Nacht werden wohl Entscheidungen fallen, die, wie immer sie lauten mögen, lange, schwere Schatten in die Zukunft werfen. In der Anfangszeit dieses Entführungsfalles fiel im Bundestag das Wort, es komme darauf an, nichts zu versäumen und nichts zu verschulden. Diese Formulierung hat mich seitdem begleitet; denn sie ist gut, sie beschreibt genau die Spannung zwischen Entschlossenheit und Beharrungsvermögen, die uns nottut. Nichts versäumen und nichts verschulden.

Das Schreckliche ist, daß es dahin keinen Weg gibt. Niemand kann so viel tun, daß er nicht noch Entscheidendes versäumte. Und niemand kann so gründlich nachdenken, daß er nicht noch Schweres verschulden könnte. Das ist Menschenschicksal, und niemand ist davon ausgenommen.

Niemand. Auch die Verantwortlichen an der Spitze des Staates nicht, die nun seit sechs Wochen ihre furchtbare Verantwortung tragen. Es kann keine Lösung geben, die ohne Rest aufgeht. Sie ist in jedem Fall richtig und falsch zugleich.

Was aber soll ein Verantwortlicher tun, der weiß, daß er so oder so mit Versäumnis und Schuld wird leben müssen?

Es bringt nichts, zu sagen: Ich habe alles getan, und es war alles richtig. Und es bringt auch nichts, die Schuld am Verhängnis irgendwelchen linken oder rechten Gegnern zuzuschieben. Denn jeder, der hier zu entscheiden hat, steht vor demselben Abgrund.

Es gibt unter Christen einen Weg, Verantwortung dieser Art durchzuhalten. Freilich nur so, daß der Verantwortliche sein schicksalhaftes Teil Schuld nicht verharmlost. Was in solcher Verantwortung über Leben und Tod von Menschen getan wird, entscheidet sich unter Christen zuerst vor Gott und dann erst vor den Menschen. Ein Konflikt dieser Art wird in der Einsamkeit vor Gott durchgestanden und nicht in der Öffentlichkeit. Versäumen und Verschulden werden zuerst vor Gott ausgelitten und dann erst vor Menschen diskutiert. Und das ist nun der Kern des christlichen Glaubens, daß Gott den, der so vor ihm steht, nicht verurteilt. Daß er ihm heute die Last seines Versagens abnimmt und ihm morgen seine Verantwortung wieder anvertraut.

Wir sprechen von Vergebung der Schuld. Wir meinen keine Schnellreinigung des Gewissens, sondern eine unter Leiden geschehende Befreiung. Und diese Befreiung ist der Anfang für ein Leben in Verantwortung vor Gott und den Menschen. Am Ende wird einer nicht sagen: Es war alles richtig. Sondern vielleicht eher: Das habe ich entschieden. Dazu stehe ich. Gott helfe mir.

Wir wissen, daß in den nächsten Stunden mehr auf dem Spiel steht als das Schicksal der heute bedrohten Menschen. Die Entscheidung dieser Nacht ist von einer Abgründigkeit, die noch niemand auslotet.

Ich bitte heute abend für die Verantwortlichen. Ich bitte für die Bedrohten. Und ich bitte Gott um sein Erbarmen mit uns, dieser verwirrten, kranken Menschheit, die wir nicht mehr wissen, wie wir uns vor dem Abgrund der Selbstzerstörung retten sollen. Es klingt heute abend fast kindlich, wenn jemand die Bitte um Frieden in den Mund nimmt. Und ich bitte trotzdem für alle Beteiligten um einen Hauch jenes Friedens, der unsere Menschenvernunft übersteigt. Was sollte uns noch helfen, wenn nicht eine Kraft, die die gefährdete Vernunft der Menschheit übersteigt und umfaßt?

Ich denke an die Schlaflosigkeit der Bedrohten und die Schlaflosigkeit der Verantwortlichen und erbitte von Ihnen, meine verehrten Damen und Herren, die Wachsamkeit des Herzens, die beide von uns brauchen.

Und der Friede Gottes, welcher höher ist als alle Vernunft, bewahre unsere Herzen und Sinne in Christus Jesus, unserem Herrn.«

Sie haben die Geiselnahme von Gladbeck genannt. Ich habe damals das »Wort zum Sonntag« gesprochen, und ich zitiere es, obwohl sich an das Erregende der Situation heute kaum jemand mehr erinnert. Es war 1988.

»Guten Abend, meine verehrten Damen und Herren,

diese Woche hat ihr eigenes, schreckliches Thema: die Irrfahrt mit den Geiseln durch unser Land. Da stieg doch wohl in uns allen die Bitterkeit hoch. So wehrlos also ist ein Rechtsstaat, wenn Verbrecher ihr eigenes Leben ebenso verachten wie das anderer Leute. Bitterkeit über das scheußliche Spiel mit dem Leben unbeteiligter Menschen. Ich brauche in solchen Fällen immer eine Weile, bis ich ruhig nachdenken kann. Über die Beteiligten zum Beispiel.

Polizisten, die die Gewalt eindämmen sollen, dabei selbst keine Gewalt anwenden dürfen und am Ende ihr Opfer werden. Fahrgäste in einem Bus, die von einer Sekunde zur nächsten aus freien Menschen zu Opfern des Verbrechens werden, unvorbereitet, einfach so. Drei Menschen, die starben, ohne Schuld, mitten aus dem vollen Leben heraus. Verbrecher, die sich Geld erpressen, um irgendwo in der Ferne ein freies Leben zu führen, die ihr Ziel zwar nicht erreichen, aber doch zwei Tage lang das Rampenlicht der Öffentlichkeit genießen. Sensationsreporter, die davon leben, daß wir Zuschauer süchtig sind nach dem Verbrechen, nach rauchenden Colts und harten Fäusten und nach dem gezielten Schuß. Zuschauer in einer Ladenstraße, die meinen, Zuschauer zu sein, wenn ein Täter ein Interview gibt, und dabei zu Komplizen werden, ohne es zu merken. Und eine Öffentlichkeit, die sagt: Der ist schuld. Und der. Und der. Während niemand weiß, wie es das nächste Mal gehen soll.

Wohin man schaut, Ratlosigkeit. Das Böse beherrscht die Szene von der Gewalt in der Ehe und dem kleinen Ladendiebstahl an über den Bankraub und die politische Lüge bis zur Kälbermast. Unausrottbar. Man sollte mit dem Bösen gewaltlos umgehen. Das weiß man. Aber wer hat es gelernt? Wir werden immer mächtiger und bleiben so ratlos wie in der Steinzeit, wie mit den zerstörerischen Kräften in den Menschen zurechtzukommen sei. Wir werden mit keiner Moral der Welt Herr über das Böse, weil es eben in uns selbst ist, in jedem Organ auch eines Staates. Und anzuklagen ist sinnlos: Jeder, der hier zu handeln hat, steht vor demselben Abgrund, und niemand kann Verantwortung tragen, ohne seinem eigenen Verschulden und Versäumen zu begegnen. Am Ende können wir nur rufen wie die Menschen seit Jahrtausenden: Kyrie eleison. Herr, erbarme dich unser.

Haben Sie sich schon einmal gefragt, warum den Christen das Zeichen des Kreuzes so wichtig ist? Weil am Ende alles moralischen Optimismus die Einsicht steht, daß es einer anderen Macht bedarf als der unseren, um das Böse zu überwinden. Da sehen wir Christus, einen zu Tode gequälten Menschen. Und in ihm die Gegenwart Gottes in einer und derselben Situation mit den Opfern der Gewalt. Stellvertretend für uns alle, die das Unlösbare nicht lösen können.

Aber Christus ging es ja nicht um den Tod, sondern um das Leben. Hinter dem Zeichen des Todes scheint das Gottesreich auf, das sich am Ende der Dinge vollenden und das in kleinen Anfängen bei uns beginnen soll, und gibt uns die Energie, trotz allem das Unsere zu tun, um das Leben der Menschen da und dort aus dem Griff des Unrechts zu lösen.

Jesus sagt: Unterschätze das Böse nicht. Du überwindest es nicht mit Gewalt. Es ist in dir und wirkt durch dich. Aber es soll dich von der Barmherzigkeit Gottes nicht scheiden. Du wirst immer wieder schuldig werden, aber damit ist dir dein Auftrag nicht entzogen, im Namen Gottes den Weg zur Gerechtigkeit zu suchen. Immer aufs neue. Und nicht nur, wenn es um das große Verbrechen geht. Halte deinen Mut fest.

Ich bitte Gott für die drei Toten und denke an ihre Angehörigen in herzlicher Teilnahme.

Und Ihnen allen wünsche ich einen nachdenklichen Sonntag und eine ruhige Nacht.«

M. K.: Mir fällt dabei noch das »Wort zum Sonntag« ein, das Sie nach der Ermordung von Hanns Martin Schleyer 1977 gehalten haben. Es hat damals ein riesiges Echo ausgelöst. Vielleicht wäre es gut, sich auch dieses Wort wieder ins Gedächtnis zu rufen.

J. Z.: Vielleicht. Aber auch hier ist die Situation nicht mehr gegeben, in der dieses Wort zum Sonntag seine Aktualität hatte. Zitieren kann man es natürlich, und vielleicht hört man noch etwas heraus von meiner Absicht:

»Meine verehrten Damen und Herren,

in diesen Tagen ist etwas geschehen, das wir bisher für undenkbar gehalten hätten. Zum erstenmal hat unser Staat von einem einzelnen, bestimmten Bürger das Opfer seines Lebens gefordert, indem er es bewußt und sehenden Auges riskiert hat. Ich denke, es ist an der Zeit, zwei Fragen zu stellen: Woher hat ein Staat dieses Recht? Und: Was fangen wir mit einem solchen Opfer an? Paßt es eigentlich zu unseren gewohnten Vorstellungen?

Unter Christen hat so etwas seinen Zusammenhang. Dem christlichen Glauben ist – freilich auf einer ganz anderen Ebene – der Gedanke des Opfers durchaus vertraut. Sein Zeichen ist das Kreuz. Er sagt: Hier ist einer gestorben, bewußt und freiwillig. Und auf geheimnisvolle Weise wächst uns aus seinem Tod Leben zu. Freiheit und Gerechtigkeit. Das Opfer ist das Geheimnis des Lebens überhaupt.

Die Christen stehen damit nicht allein. Seit Jahrtausenden gilt in allen Kulturen als Grunderfahrung, daß niemand aus sich selbst lebt, sondern immer von einem Opfer her, das andere für ihn bringen, und daß ohne Hingabe dem Leben kein Sinn abzugewinnen ist. Nur wir seltsamen modernen Menschen haben es vergessen.

Bei uns gilt die kindliche Meinung, die Gemeinschaft habe dem einzelnen ein gesichertes Leben und immer steigenden Wohlstand zu bescheren, sie dürfe ihm aber nichts abverlangen. So haben wir eine Freiheit, die nichts kostet. Eine Gerechtigkeit, die keinen Verzicht verlangt. Ein Leben, in dem jeder, so gut es geht, seinem Recht auf Glück und Erfolge nachläuft.

Was wundern wir uns, daß junge Menschen diese Freiheit mißachten, diese Gerechtigkeit für Heuchelei halten und das Leben, das wir ihnen anbieten, wegwerfen und daß auch bei vielen Erwachsenen das Leiden unter der Sinnlosigkeit ihres Lebens um sich greift?

Was wundern wir uns, da doch der Sinn dieses Lebens tief verborgen ist unter Leben und Tod, unter Glück und Leiden, unter Gelingen und Verzichten?

Aber wenn auch das Opfer zum Leben gehört, so ist doch kein Opfer selbstverständlich. Mir war unbehaglich, als man unseren Staat lobte, weil er Härte gezeigt habe. Ich meine, wir brauchten gerade nach diesen Erfahrungen nicht so sehr einen harten, als vielmehr einen behutsamen, einen nachdenklichen Staat, dem das Leben des Menschen als kostbarstes Gut gilt, der deshalb verletzlich bleibt und aus seiner Verletzlichkeit seine Kraft hat. Einen Staat, in dem nur unter dem Druck äußerster Gefahr viele miteinander einmal wagen, was eigentlich niemand tun darf: das Leben eines Menschen fordern.

Für uns aber bleibt die Frage übrig, was wir mit einem solchen Opfer anfangen sollen. Das heißt: Ob der Gedanke der Hingabe in unserem Lebensprogramm einen Platz finden kann. Ob wir bereit sind umzudenken.

Vielleicht könnten wir wieder verstehen, was Jesus meint, wenn er sagt: ›Ich bin nicht gekommen, mich bedienen zu lassen, sondern zu dienen und mein Leben hinzugeben zu einer Erlösung für viele.‹ Oder: ›Nur wenn ein Getreidekorn in die Erde fällt und stirbt, bringt es Frucht.‹

Wenn aus den Erfahrungen dieser Wochen eine solche Umkehr folgte, für unser einzelnes und für unser gemeinsames Leben, brächten sie, meine ich, ihren Ertrag . . .«

M. K.: Sie sind unter den Pfarrern immer wieder dadurch aufgefallen, daß Sie gelegentlich hart auch an unserer staatlichen Ordnung Kritik geübt haben.

J. Z.: Ist das verboten?

M. K.: Nein, natürlich nicht. Aber was waren die Gründe, warum Sie etwa an unserer bundesrepublikanischen Rechtsordnung gelegentlich so grundlegende Kritik geübt haben, daß ein regierender Bürgermeister von Berlin Ihnen einmal öffentlich vorgeworfen hat, Sie stellten sich über das Recht?

J. Z.: Der Mann, dessen Name hier nicht wichtig ist, hat das, was er das »Recht« nennt, mit der Praxis der Rechtsprechung verwechselt. Ich habe mich nie über das Recht gestellt, aber ich habe mir als Bürger dieses Landes das Recht genommen, zu sagen, was ich an Rechtsverletzungen und Rechtsmißbrauch beobachtet habe.

Ich habe zum Beispiel Anfang der achtziger Jahre in Berlin einmal ein öffentliches Forum geleitet, das einen Polizeieinsatz im Zusammenhang mit der Hausbesetzerszene in Kreuzberg hinsichtlich seiner Rechtmäßigkeit untersucht hat. Es war in seinem Verlauf zum Tod eines jungen Mannes gekommen. Frage: Wer war daran schuld? »Die Polizei trifft keine Schuld«, sagten sowohl der Senat als auch die Staatsanwaltschaft. Es war eine sogenannte Bürgernachfrage. Die Frage einer Gruppe von schlichten Bürgern, was wirklich geschehen sei und wo das Recht und das Unrecht lagen. Im Verlauf der Untersuchungen stellte sich in diesem Forum heraus, daß die Polizei bei dem betreffenden Einsatz ihre eigenen Vorschriften nicht eingehalten hatte und daß sie tatsächlich nicht von dem Vorwurf freigestellt werden konnte, sie habe den Tod des jungen Mannes verschuldet. Wer vom freien Bürger redet und von einem Staat, der der Kontrolle der Bürger unterliege, muß solche außerparlamentarischen, außergerichtlichen Prüfungen politischer oder rechtlicher Vorgänge begrüßen. Wer freilich in erster Linie von der Obrigkeit ausgeht, die für alles zuständig sei, muß anschließend sagen: Der Bürger stellt sich über das Recht. Der Regierende Bürgermeister von damals hat diesen Vorwurf auch nicht zurückgenommen, als das Berliner Verwaltungsgericht uns in vollem Umfang recht gab.

M. K.: Wer war das?

J. Z.: Das ist so wichtig nicht. Ich erzähle ja so etwas nicht, um bestimmte Menschen anzuklagen, sondern um zu zeigen, wo die Gründe für die Politikverdrossenheit unter jungen Menschen liegen. Sie liegen in dem unwahren Gesamtsystem der praktischen Politik.

Die politische Frage, die uns damals geleitet hat, war die, ob es möglich sei, Schwierigkeiten in einer Gesellschaft ausschließlich juristisch und verwaltungstechnisch zu bewältigen, durch Gesetze und Verordnungen, und ihre Durchsetzung mit Hilfe öffentlicher Gewalt. Ob es denn um das Leben der Menschen gehen solle oder um die Verhinderung des Lebens; ob es die letzte Weisheit sei, Frieden schaffen zu wollen durch Regeln und Ordnen, durch Zwingen und Verbieten, durch Verhaften, Einsperren und Verurteilen, durch Verhindern von Lebensversuchen, die möglicherweise ihr Recht haben, oder ob es andere Wege gebe, die einer freiheitlichen Demokratie würdiger wären.

Denken Sie in diesem Zusammenhang an die Strafprozesse, die den Friedensdemonstrationen in den achtziger Jahren zu folgen pflegten. Wenn da ein paar Leute vor dem Tor einer Raketenstation saßen, wurde ihre Demonstration aufgelöst, sie wurden abtransportiert zur erkennungsdienstlichen Behandlung und am Ende vor ein Gericht gestellt, das sie zu ein paar hundert Mark Geldstrafe verurteilte. Ich habe solche Demonstrationen erlebt, bei denen faktisch niemand behindert wurde. Wir haben zum Beispiel einmal eine Kaserne durch eine Menschenkette geschlossen. Wenn aber jemand durch das Tor heraus- oder hineingehen wollte, haben wir ihn durchgelassen, haben ihm den Frieden gewünscht und danach die Kette wieder geschlossen. Niemand wurde behindert. Es wurden aber eine ganze Anzahl von Demonstranten festgenommen, angeklagt und bestraft.

Schaue ich aber ins Fernsehen, so sehe ich, wie Fernfahrer Autobahnen blockieren. Oder wie Bauern mit Traktoren den Verkehr lahmlegen und Tausende von Autofahrern behindern. Ich habe noch nie gesehen, daß solche Blockaden von der Polizei aufgelöst wurden, vielmehr verhandelte man überaus vorsichtig mit den Demonstranten und beachtete ihren Willen, wenn es um die Regelung der Angelegenheit ging, deretwegen sie demonstriert hatten. Als einmal der Brenner blockiert wurde und der Stau bis nach Innsbruck hinabreichte, ging Franz Joseph Strauß zu den Fernfahrern und drückte ihnen seine Sympathie aus. Der Eindruck, der sich damals ausbreitete, war der: Für seine eigenen, egoistischen Interessen darf man blockieren, für das übergeordnete Interesse am Frieden darf man es nicht.

Nun müssen Sie verstehen, daß ich an diesem Punkt empfindlich bin aufgrund sehr persönlicher Erfahrung. Wenn man einmal vor einem Kriegsgericht stand, das keine Untersuchung des Falles vornahm, sondern schlicht mit einem vorweggenommenen Todesurteil aufwartete, wenn man diesem Kriegsgericht als ahnungsloser junger Mensch ohne Verteidiger gegenüberstand, ist man darauf geeicht, sich junge Menschen in ihrer Wehrlosigkeit gegenüber einer überlegenen und politisch motivierten Rechtsprechung vorzustellen.

Ich habe vor einiger Zeit einen Professor für Staatsrecht in Tübingen gefragt, wie man sich das erklären solle. »Warum werden die Bauern auf ihren Traktoren nicht bestraft?« Er antwortete mit einem Schulterzucken: »Naja, das sind politische Weisungen.« Da wurde ich natürlich hellwach. Denn was ist das für ein Rechtssystem, das politische Weisungen entgegennimmt? Gibt es das tatsächlich, daß die Exekutive in die Rechtsprechung so offenkundig und so selbstverständlich eingreift, daß ein Professor für Staatsrecht nur noch sagen kann: »Na ja!« Ich hätte schon gerne einmal von einer Frau oder einem Mann des Bundesverfassungsgerichts eine Auskunft darüber, was das für politische Weisungen sind, die unser Rechtssystem da bekommt.

M. K.: Vor einigen Jahren haben Sie sich in einem »Wort zum Sonntag« ausdrücklich aus dem Fernsehen verabschiedet. Was hatten Sie für Gründe?

J. Z.: Ich war gesundheitlich angeschlagen. Aber vor allem halte ich es für tief fragwürdig, wenn die Siebzigjährigen an ihrer Funktion und ihrem Posten festhalten, während vielleicht junge Leute da sind, die es eines Tages ebensogut könnten. Es geschah ohne Resignation. Ich sagte mir einfach: Nun hast du das dreißig Jahre lang gemacht. Es ist genug. Es ist Zeit zum Aufhören.

M. K.: Fehlen Ihnen jetzt die Kamera und der Bildschirm?
J. Z.: Nein, ich bin froh, daß ich heute nicht mehr im Fernsehen zu erscheinen brauche. Ich bin damals ins Fernsehen gegangen, weil ich mir etwas davon versprochen habe. Ich habe mir gesagt: Das, was wir als Christen zu sagen haben, muß doch eigentlich im Fernsehen zum Ausdruck zu bringen sein. Als ich mit Fernsehsendungen anfing, gab es noch kaum die ersten tausend Geräte in Deutschland. Es hat mich gelockt, mit diesem neuen Medium zu experimentieren, von dem noch keiner wußte, wie es geht und wie es nicht geht. Ich sagte mir mit einem gewissen jugendlichen Trotz: Das muß gehen. Es wird gehen. Ich muß mir eben etwas einfallen lassen. Es hat sich dann erwiesen, daß es viel schwieriger war, als wir damals angenommen haben. Es ist viel auch mißlungen, einfach deshalb, weil es für einen Theologen, der etwas sagen will, fast unmöglich ist, das, was er sagt, zugleich in ein überzeugendes Bild zu bringen. Wie wollen Sie christlichen Glauben ins Bild bringen? Es gibt keine Gesichtspunkte, die einen Film als christlich ausweisen könnten. Auch nicht, wenn da ein junges Mädchen gezeigt wird, das einem alten Mann im Krankenhaus eine Tasse reicht. Es gibt kaum ein bildhaftes filmisches Mittel, um das zu sagen, was wir sagen wollen. Das Fernsehen ist viel ungeeigneter für die christlichen Kirchen, als die christlichen Kirchen bis heute meinen. Dazu kommt: Der Markt der Meinungen und der Angebote hat sich in vierzig Jahren steil verändert. Geht die Entwicklung in der augenblicklichen Richtung weiter, so könnte es irgendeines fernen Tages zu einer Lebensfrage für die Kirche werden, ob sie sich aus alldem nicht herauszuziehen hätte, wenn sie, was sie zu bewahren und anzusagen hat, vor Verschleiß bewahren will.

M. K.: Aber grundsätzlich ist es doch ein Gewinn für die Kirche, daß sie Zugang zu den Massenmedien hat?
J. Z.: Grundsätzlich, wenn etwas Grundsätzliches überhaupt ein Maß abgeben kann für etwas Praktisches. Wir werden uns auch

bei anderen Sendeformen oder Medien täuschen, wenn wir meinen, für die Kirche sei es an sich schon wünschenswert, einen Sendeplatz zu haben, und die Verlängerung der Sendezeiten sei an sich schon ein Gewinn. Ich fürchte, wenn wir die kirchliche Tätigkeit im Fernsehen in den letzten vierzig Jahren wirklich messen könnten, wären wir erschrocken über ihre gespaltene Wirkung. Es gibt auch eine abstumpfende Wirkung. Und ich sehe jenem jüngsten Tag mit einiger Sorge entgegen, an dem man mir alle meine Filme und meine Worte zum Sonntag noch einmal vorspielen wird.

M. K.: Sie haben viel unter Journalisten gearbeitet. Fühlten Sie sich dabei selbst als Journalist?
J. Z.: Ich war Mitglied in einem Journalistenverband, weil ich viel im Ausland gearbeitet habe und dafür einen Presseausweis brauchte. Aber ich habe mich nicht eigentlich als Journalist gefühlt. Die Menschheit bestand in bestimmten Phasen ihrer Urzeit aus den beiden Grundtypen der Jäger und der Hirten. Ich persönlich möchte mich – umgeben von den Freunden aus dem Journalismus, deren Mandat und deren Vergnügen die Jagd ist –, unverändert zu den Hirten zählen. Ich nehme dabei in Kauf, nichts Rasantes, sondern etwas Behutsames anzubieten, wenn und solange das Studio den Sinn eines Wohnzimmers und nicht den eines Schießstandes erfüllen soll.

Das »Wort zum Sonntag« zum Beispiel ist ja keine öffentliche Verlautbarung und kein Unterhaltungsangebot, sondern ein Hausbesuch bei vielen einzelnen. Robert Geisendörfer hat einmal gesagt: »Das Wort zum Sonntag ist der Besuch eines Christen bei den Erniedrigten und Beleidigten.« Ich könnte ergänzen: bei den Enttäuschten, den Mutlosen, denen, die an den Rätseln ihres Lebens leiden und die nur zuhören, weil sie die Hoffnung noch nicht aufgegeben haben, es könne ihnen ein Wort begegnen, das ihnen einen kleinen Schritt weiterhilft. Das »Wort zum Sonntag« also redet dort, wo die ungelösten Lebensfragen vom einzelnen bis hin zur Gesamtgesellschaft sich verknoten. Verlust von Lebensordnungen, Generationenprobleme, Krankheit, berufliche Schwierigkeiten, Leid, Angst, Verschulden und Versäumen, Schmerz und Tod und was immer. Wer da spricht, steht und fällt damit, daß er etwas Hilfreiches und Klärendes zu sagen hat. Und was ihm nach einer guten Sendung entgegentritt, bestätigt diese Regel: Es ist ein ungeheurer, ungedeckter Bedarf an persönlicher Seelsorge in unserem Volk.

Das Forum ist die millionenbreite Menge trauernder, leidender oder auch zerstrittener Menschen, verlassener, einsamer, hinsiechender, überforderter Zeitgenossen. Menschen, die einen Augenblick der Sammlung suchen, ehe sie schlafen gehen. Menschen, die im Grunde gesegnet werden möchten, ehe sie ihren eigenen Gedanken wieder ausgeliefert sind. Und das sind unendlich viel mehr, als wir uns vorstellen.

5
Ein früher Traum: Physik

M. K.: Herr Dr. Zink, eines hat mich überrascht. Sie erzählten neulich, eines Ihrer Interessengebiete liege in der modernen Physik. Ich war nicht darauf gefaßt, diesem Thema bei Ihnen zu begegnen. Haben Sie sich damit wirklich ernsthaft auseinandergesetzt?

J. Z.: Ja. Und zwar schon ziemlich lang. Als Junge wollte ich Flugzeugkonstrukteur werden. Als ich fünfzehn Jahre alt war, stand ich einmal im Personalbüro der Messerschmidt-Flugzeugwerke in Augsburg und wollte ein paar Wochen Ferienarbeit erreichen. Es wurde nichts daraus. Sie fanden, ich sei zu jung dafür. Aber die Physik blieb meine große Liebe. Als ich sechzehn war, 1938, erzählte uns ein Physiklehrer, in einem Kaffeelöffel Uran verberge sich mehr Energie als in zehn langen Eisenbahnzügen mit Kohle. Ich stand danach auf einer Brücke, die über den Ulmer Bahnhof führte, sah unter mir einen Zug mit Kohle durchfahren und war überzeugt, was sich hier abzeichne, das werde für mein ganzes Leben wichtig sein.

Mit neunzehn ging ich zur Fliegerei, wurde zunächst Funker, lernte Hochfrequenztechnik und Flugnavigation, Astronomie für die astronomische Navigation, Geografie auf dem Weg über die Koppelnavigation, Meteorologie in der Beobachterausbildung. Freilich, das Niveau dieser Ausbildung, gegeben durch einfache Techniker, war kein Physikstudium. Einer unserer Unteroffiziere erklärte uns damals: »Niemand weiß, ob der Strom von plus nach minus oder von minus nach plus fließt. Bei der Luftwaffe fließt er von plus nach minus.« Wer aber einmal gehört hat, wie sein Unteroffizier bei der Spindkontrolle eine Kaffeetasse hernahm, finster hineinblickte und aus dem tiefsten Groll seines Gemütes herausstieß: »Das ist keine Kaffeetasse, das ist eine Braunsche Röhre!«, der wird sich künftig für die Zeit seines Lebens unter einer Braunschen Kathodenstrahlröhre etwas vorstellen können. Danach gaben mir Feindeinsätze über der Nordsee, dem Atlantik und dem Mittelmeer Gelegenheit, anzuwenden, was ich gelernt hatte. Und das begeisterte mich, obwohl mir der Krieg verhaßt war. Das fliegerische Erlebnis war eine Begeisterung wert. Gegen Ende des Kriegs kam ich in die Lage, das Neueste auf dem Gebiet der Luftfahrttechnik und der Triebwerke zu studieren in der Ausbildung zum Piloten mit dem Ziel, die erste Düsenmaschine, die Me 262 zu fliegen. Ich kam mir damals vor, als sei ich mit Flugbenzin getauft worden.

M. K.: Sie haben unlängst ein Erinnerungsbuch herausgebracht mit dem Titel: »Sieh nach den Sternen, gib acht auf die Gassen.« Dieser schöne Titel, ein Zitat von Wilhelm Raabe, trifft offenbar genauer auf Sie zu, als man zunächst vermutet. Kommt in diesem Wort etwas heraus von dem Stil Ihrer Lebensführung?
J. Z.: So kann man es sehen. Ich fand dieses Wort zutreffend insofern, als ich im Krieg über dem Atlantik und dem Mittelmeer astronomische Navigation getrieben habe. Man konnte mit dem Libellenoktanten einen Stern messen und auf der Karte eine Linie eintragen. Dann einen anderen Stern messen und wieder eine Linie auf die Karte zeichnen, und am Schnittpunkt befand man sich. Auf diese Weise konnte man theoretisch auf dreihundert Meter genau feststellen, wo auf der Erde man sich befand. Praktisch auf wenige Kilometer genau. Das hat mich immer fasziniert, und ich habe mich mit dem Kosmos, mit dem Universum immer gerne und intensiv befaßt. Daß man in einer vom Krieg gezeichneten Welt, in der man sich mit Funkpeilungen nicht orten lassen darf, weil man von Gegnern abgehört wird, oder über einen offenen Ozean fliegt, der zu weiträumig ist, als daß man irgend etwas anpeilen könnte, sich nach Sternen richten kann, die außerhalb unserer menschlichen Zone sind, und daß man dabei gut fährt und am Ende seinen Heimatflughafen findet, das habe ich in diesem Raabe-Zitat zum Ausdruck gebracht. Aber wichtig ist eben, daß man nach der Landung den Weg, den man auf dieser Erde findet, auch praktisch geht, daß man sich nicht hinausträumt aus dieser Welt, sondern in den Gassen, in denen das menschliche Dasein sich abspielt, bleibt und dort fragt, was hier zu tun, was hier zu sagen sei.

M. K.: Wie schafft man das, in der richtigen Spannung leben zu können, den Blick sozusagen nach oben gerichtet und zugleich nach vorne, erdhaft, zu gehen? Das ist doch oft eine ganz erhebliche Diskrepanz für viele Menschen und macht sehr vielen Schwierigkeiten. Ihnen offensichtlich nicht?
J. Z.: Nein, überhaupt nicht. Weil ich erlebt habe, daß das, was mir die Sterne zeigen, auf dieser Erde praktisch nutzbar ist. Ich habe ja keine Forschung im Weltraum getrieben, sondern ich habe auf dieser Erde einen Weg gesucht. Dazu waren mir die Sterne hilfreich. Und wenn ich als Theologe mit Menschen auf dieser Erde umgehe, dann muß ich mich darauf verlassen können, daß der christliche Glaube, selbst wenn er noch so weltfern scheint, für diese Erde etwas zu sagen hat. Daß er Menschen trösten kann, daß er sie führen kann, daß er sie tiefer in sich selber hinein oder weiter vorwärts auf ihrem Lebensweg bringt, daß dieser Glaube, daß diese Religion auf der Erde eine weisende und leitende Funktion hat.

Danach erfüllte mich die Philosophie. Vor allem der Zweig der Philosophie, der sich mit Erkenntnistheorie beschäftigte, mit den Gesetzen und den Grenzen unserer Naturerkenntnis. Und heute, da ich längst über das Alter hinweg bin, in dem man einen Beruf ausübt, komme ich auf die Liebhabereien meiner Jugend zurück und frage mich: Was hat denn die Physik für mich als Christen bedeutet, und was sagt sie mir?

Heute habe ich Zeit, über Physik nachzudenken, wie ich – mit mehr Recht und Zuständigkeit – fast fünfzig Jahre lang über Theologie nachgedacht habe. Ich kehre also heute zu einer frühen Liebe zurück und hoffe, sie erinnert sich meiner.

M. K.: Aber warum haben Sie über diese Sache nie geredet?
J. Z.: Es bestand kein Anlaß. Ich habe mich zwar mein Leben lang über Physik, vor allem Quanten- und Astrophysik, auf dem laufenden gehalten, aber ich habe mich nicht als Fachmann dieser Gebiete betrachtet. Erst heute komme ich ihnen näher, heute,

da ich Zeit habe, mich in die einschlägige Fachliteratur gründlicher einzulesen. Dabei geht es mir vor allem um ein Gespräch, das zwischen Naturwissenschaft und Theologie auf breiterer Grundlage stattfinden sollte.

M. K.: Es findet ja schon da und dort statt.
J. Z.: Ja, in exklusiven Kreisen. Es ist aber für die Menschen dieser Zeit lebenswichtig, nicht nur für die Kirche und ein paar Fachleute. Nicht nur für die Zukunft der menschlichen Gesellschaft auf dieser Erde, sondern schon für die Menschen dieser Zeit. Es muß in die Breite gehen.

M. K.: Inwiefern? Was sehen Sie für Gründe?
J. Z.: Wir gehen in diesen Jahren über die Grenze zweier Jahrtausende. Bescheidener gesagt, über die Grenze zweier Jahrhunderte. Die Frage ist doch, und sie ist dringlich: Was wird jenseits dieser Grenze gelten? Wer oder was wird die Macht haben, die geistige, die wirtschaftliche, die politische? Wer oder was setzt die Maßstäbe, nach denen wir leben sollen?

Es ist zu vermuten, daß die Naturwissenschaft die eigentliche Herrin des kommenden Jahrhunderts sein wird. Wird in dem geforderten Gespräch nicht deutlich, was sie gefunden hat, was sie bewirkt oder bewirken will, worin ihre Absicht liegt, so werden wir unwissende Knechte ihres Wissens sein, und das Geheimwissen der Naturwissenschaft wird die Geheimdiplomatie ersetzen, die die Völker früher in Unwissenheit hielt.

M. K.: Was kann die Theologie dabei leisten?
J. Z.: Es gibt heute ganze Bereiche des wissenschaftlichen Nachdenkens, in denen die Theologie von der Naturwissenschaft nur einfach lernen kann. Es gibt Gedanken in der heutigen Naturwissenschaft, die den Theologen an Einsichten erinnern, die vor Jahrhunderten oder Jahrtausenden auch der Theologie vertraut gewesen und inzwischen vergessen sind. Es gibt Punkte, an denen

Theologie und Naturwissenschaft gemeinsam weiterdenken können. Es gibt aber auch Punkte, an denen deutlich wird, daß Theologie und Naturwissenschaft verschieden denken und verschieden denken müssen, an denen ihre Einsichten allenfalls komplementär einander zugeordnet sind.

Es gibt Punkte der Berührung, an denen die Theologie die Naturwissenschaft daran erinnern muß, daß der Umgang mit Welt und Natur keine freie Wildbahn ist, sondern ein Feld von Verantwortung, auch von Verschulden oder von Täuschungen über Rang und Aufgabe des Menschen. Es gibt Bereiche, an denen Naturwissenschaft und Theologie gemeinsam vor Rätseln stehen, die vermutlich, solange die Erde steht, Rätsel bleiben werden. Auf jeden Fall – und das sage ich als Theologe – wird das Gespräch zwischen Naturwissenschaft und Theologie nur dann zu größerer Klarheit führen, wenn die Theologie erst einmal aufnimmt und ernst nimmt, was die Naturwissenschaft inzwischen – das heißt seit den Zeiten Galileis – gefunden und gedacht hat.

M. K.: Kann man oder kann einer wie Sie dies leisten? Die Theologie füllt ein Leben, wenn einer sie begreifen will.

J. Z.: Ein mir befreundeter Atomphysiker, der seit fünfundzwanzig Jahren bei CERN in Genf arbeitet, sagte mir unlängst: »Ich verstehe die Physik nicht. Und ich glaube auch nicht, daß es irgend jemand gibt, der sie versteht.« Ich möchte diesem Satz den meinigen an die Seite stellen: »Ich verstehe die Theologie nicht. Und ich glaube auch nicht, daß es irgend jemand gibt, der sie versteht.«

Gelänge es, von diesen beiden Sätzen aus zu einem Gespräch zu kommen, so bestünde Hoffnung, daß das Gespräch auf dem Wege des Nichtwissens ein Stück weiterführte. Auf allen Seiten, das ist wohl die Botschaft, die wir am Ende dieses Jahrhunderts hören sollten, ist die Einsicht notwendig, daß unser Wissen Stückwerk ist und daß es überall gilt, zu verstehen, daß wir nichts wissen können und es kein Maß gibt für die Unterscheidung zwischen Wissen und Glauben oder Vermuten.

M. K.: Aber Physik und Theologie reden ja von sehr verschiedenen Dingen. Gibt es überhaupt gemeinsame Felder für den Physiker und den Theologen?

J. Z.: Kein Fach hat die Aufgabe, in ein fremdes Fach überzugreifen, wohl aber, Grenzbereiche des anderen zu bedenken. Die Physik hat gewiß nicht die Aufgabe, zu beweisen, daß es einen Gott gebe. Wohl aber hat die Physik der letzten hundert Jahre sehr bedeutende Veränderungen am Nachdenken des Menschen bewirkt, und ich werde mich fragen, was diese Veränderungen bedeuten und was sie an meinem eigenen, dem Nachdenken eines Theologen, bewirken müssen. Ich werde also fragen, ob das, was die Physik Wirklichkeit nennt, mit dem, was der Theologe Welt nennt, kompatibel ist. Ich will fragen, wie ein Gott aussehen muß, der in den Vermutungen der Physik Raum finden kann. Ich will fragen, wie ein Physiker über seine Welt nachdenken muß, wenn er Wert darauf legen will, sinnvoll das Wort »Gott« in den Mund zu nehmen. Ich will fragen, was alles der Theologe an herkömmlichen Verstehensmustern einer neuen Prüfung unterziehen muß, damit er nicht an der Sprache des Physikers vorbeiredet. Und ich will fragen, was alles an herkömmlichen, naiven oder überholten Gottesvorstellungen ein Physiker hinter sich lassen muß, um zu verstehen, was die Theologie meint, wenn sie »Gott« sagt.

Es geht nicht mehr, schon lange nicht mehr, um das, was wir vor vierzig Jahren die »natürliche Theologie« genannt haben. Es geht nicht um die Frage, ob es von der Erforschung der Natur her einen Zugang zu Gott gibt. Davon redet heute kein Theologe und kein Naturwissenschaftler. Es geht um das wechselseitige Verständnis dessen, was die Theologie meint, wenn sie von Gott spricht, und was die Naturwissenschaft meint, wenn sie die Wirklichkeit dieser Welt beschreibt.

Für den Theologen kommt vor allem die Frage hinzu: Was haben wir alles vergessen, was haben wir alles verdrängt oder vernachlässigt? Was müssen wir aus der Gesamtüberlieferung der Christenheit heute wieder aufgraben? Was aus der Gesamtüberlieferung der Bibel? Aus der Gesamtüberlieferung der menschlichen Bewußtseinsgeschichte? Mein Thema ist also nicht, ob die Naturwissenschaft sich als Weg zu Gott eignet, sondern was sich an der Theologie ändern muß, wenn wir an den tiefgreifenden Veränderungen, die durch die Naturwissenschaft im Denken dieser Zeit eingetreten sind, nicht vorbeiträumen wollen. Denn das scheint mir gewiß: Das Weltbild der Physik von heute und von morgen wird das Bewußtsein der Menschen im 21. Jahrhundert durch und durch einfärben, formen und prägen. Dabei wird es einem Theologen nie möglich sein, naturwissenschaftlich zu argumentieren. Er hat an der Komplexität seiner eigenen Wissenschaft genug zu tun. Er wird immer auf die Deutungen angewiesen sein, die ein Physiker von heute seinen Erfahrungen gibt. Er wird immer nur auswerten und beantworten können, was auf dem Feld der Naturwissenschaft an verständlicher Sprache gewagt wird, an Bildern für das, was nicht vorzeigbar ist, bis hin zu den Bildern, die in der Seele heutiger Menschen ruhen und die allererst einen gemeinsamen Boden darstellen könnten für das Gespräch, das stattfinden muß, nicht irgendwann in der Zukunft, sondern in dieser Stunde, in der wir leben.

M. K.: Was interessiert Sie praktisch an diesem Thema? Und wo sind Sie persönlich in das Gespräch mit der Naturwissenschaft eingestiegen?

J. Z.: An der Stelle meiner Zeitgenossenschaft. Wir leben in einer Epoche des Übergangs, die so wichtig und einschneidend ist, wie es die Erfindung der Landwirtschaft in der Jungsteinzeit war, wie es der Aufstieg des Christentums während der Zeit des Untergangs des Römischen Reichs oder der Übergang vom Mittelalter zur Neuzeit gewesen ist. Zudem ist der heutige Übergang von der Neuzeit in eine noch unbenannte Epoche dramatischer, als je ein anderer Umbruch gewesen ist, weil er ungleich plötzlicher abläuft.

Es ist uns allen ja bekannt, daß eine Epoche zu Ende gegangen ist, die vier- bis fünfhundert Jahre lang geherrscht hat. Wir bezeichnen sie als die Neuzeit, die mit der Renaissance begann, in der Aufklärung und im Idealismus ihren Höhepunkt erreichte und in der Gründerzeit der Industriegesellschaft im 19. Jahrhundert ihre technischen und wirtschaftlichen Triumphe feierte. Diese Epoche ist zu Ende. Was kommt, zeichnet sich ab.

Den entscheidenden Begriff zur Beschreibung dieses Wandels hat in den siebziger Jahren der amerikanische Naturwissenschaftler Thomas S. Kuhn zum erstenmal gebraucht in seinem Buch »Die Struktur wissenschaftlicher Revolutionen« (Chicago 1970), den Begriff des »Paradigmas« und des »Paradigmenwechsels«.

M. K.: Was heißt Paradigma?

J. Z.: Kuhn spricht von Bewußtseinsschritten im Lauf der Weltgeschichte. Ein Paradigma ist nach ihm eine Gesamtkonstellation von Überzeugungen, Denkweisen, Werten und Lösungsmustern, die für eine bestimmte Zeit charakteristisch ist. Es ist ein Modell, ein verbindliches, ein gemeinsames, das sich von anderen Modellen menschlichen Denkens und Wertens unterscheidet.

Paradigmenwechsel besagt, daß die ganze Weise, wie wir Menschen einer bestimmten Zeit die Welt ansehen, benützen und bearbeiten, verändern und anwenden, sich verschiebt zu einer neuen Weise, in der wir in unserer Welt existieren. Der Ausgangspunkt in unserer Zeit ist das Erbe der Aufklärung einerseits, die Ahnung einer neuen Sicht der Dinge andererseits. In der Theologie heißt das, von einem vergangenen Muster von Theologie weiterzugehen zu einem neuen, in dem wir uns erst suchend bewegen.

Ähnlich wie Thomas S. Kuhn beschreibt Heisenberg dieselbe historische Abfolge von wissenschaftlichen Epochen als Folge abgeschlossener Theorien, deren jede die früheren umfaßt und sie auf einen Bereich genäherter Geltung einschränkt.

M. K.: Das erinnert mich an die siebziger Jahre. Damals wurden ähnliche Dinge im Zusammenhang der New-Age-Bewegung gesagt.

J. Z.: Ja, das ist vergleichbar. Aber die New-Age-Bewegung lebt ja nicht mehr. Sie war eine Sache, strenggenommen, der siebziger Jahre. Bei dem, was ich unter Paradigmenwechsel verstehe, geht es auch nicht um das, was man damals die »sanfte Verschwörung« nannte oder »die persönliche und gesellschaftliche Transformation im Zeitalter des Wassermanns«. Es geht um einen Wandlungsvorgang, der sich vor allem in den Denkformen der Naturwissenschaft abspielt. Die New-Age-Bewegung hat nur darin ihr Verdienst, daß sie mögliche Konsequenzen zog aus dem, was so unübersichtlich vor dem Auge jenes Jahrzehnts stand. Sie hat es schneller begriffen als die Theologie, auch wenn sie selbst inzwischen einigermaßen überholt ist.

M. K.: Und Sie meinen, dieser Bewußtseinswandel spiele sich in der Physik ebenso ab wie in der Theologie?

J. Z.: Was mich immer wieder fasziniert, ist die Tatsache, daß die Umwälzung hin zu einem ganz neuen Denken durch alle Fachgebiete geht, daß ich mich ihr stellen muß, ob ich Chemiker, Biologe, Soziologe oder Theologe bin. Jede Wissenschaft ist eine Erscheinung einer bestimmten Zeit. Ihre Denkweise ist nichts Bleibendes, sondern immer der Versuch von Menschen, mit ihrer Zeit zu gehen, ihre Zeit zu begreifen. Der Jude des Alten Testaments sah die Welt anders an als der Grieche der Zeit des Perikles, der mittelalterliche Mensch Mitteleuropas anders als der aufgeklärte Mensch der Neuzeit.

Kennzeichen für einen Paradigmenwechsel ist eine sich lang hindehnende Agonie der alten Vorstellungen oder ein plötzlicher Zusammenbruch, vielleicht eine Mumifizierung des Alten. Dabei werden sich die Propheten des Neuen sehr häufig als die letzten Bewahrer des Alten erweisen. So stehen mit Planck und Einstein, die den Durchbruch in das heutige Weltbild der Physik ermöglicht haben, zugleich die letzten Vertreter der alten Newtonschen Physik vor uns. In ihnen, den Bahnbrechern, ragt das alte Paradigma in die neue Epoche herein.

M. K.: Noch einmal: Und das betrifft auch die Theologie?

J. Z.: Aber ja. Ein Paradigmenwechsel betrifft immer das Gesamtbewußtsein einer Zeit, nicht nur ein Fach. Auch religiöse Fragestellungen sind mitbetroffen, und zwar in einem doppelten Sinn:

Erstens: In einem Paradigmenwechsel wie in der Zeit des Untergangs des Römischen Reichs oder im Beginn der Neuzeit wird immer auch auf eine neue Weise die religiöse Frage aktuell. Und zweitens: Nach jedem Paradigmenwechsel ist dieselbe Religion eine andere.

Am Beispiel von heute: Von Planck an dauerte es mehr als fünfundzwanzig Jahre, bis die neue Sicht der Wirklichkeit sich in ihrem Zusammenhang zeigte. Das geschah 1927 durch die Forschungen von Bohr und Heisenberg. Aber noch in den sechziger Jahren traten die Schwierigkeiten in der Atomphysik immer dann auf, wenn jemand versuchte, atomare Phänomene mit klassischen, das heißt neuzeitlichen, Begriffen zu beschreiben.

Dabei ist ein neues Paradigma einem vergangenen gegenüber nicht notwendig »wahrer«, aber es entspricht der geistigen Landschaft, in der die Menschen einer bestimmten Zeit leben und wirken müssen. Es steht einer Epoche auch nicht frei, für was für ein Paradigma sie sich entscheiden will. Es wird ihr von der Geschichte, die war und die sich anbahnt, vorgezeichnet, und sie muß mit ihm leben. Fehler des alten Paradigmas können, das ist die große Chance jeder Übergangszeit, ausgeglichen werden. Neue Fehler, das ist unvermeidlich, werden sich einstellen. Die Wahrheit aber bleibt grundsätzlich in der gleichen Entfernung, dem Zugriff der Menschen unerreichbar.

M. K.: Man ist versucht, mit Pilatus die Frage zu stellen: Was ist Wahrheit?

J. Z.: Ich will ein Beispiel aus der Fliegerei bringen. Für ein Flugzeug, das im Tiefflug über das Land fegt, ändert sich die Landschaft von Sekunde zu Sekunde. Der Horizont bleibt, und zwar bleibt er als ein ständig zurückweichendes Phänomen. Dieser Horizont, den das Flugzeug nie erreicht, ist aber unentbehrlich, will das Flugzeug nicht in abnorme Fluglagen geraten. Er ist das Maß, an dem gemessen wird, was waagerecht ist. Die Wissenschaft wird immer auch nach Wahrheit und nie nur nach Tatsachen fragen. Sie verlöre alles Maß ohne diese Frage. Und gerade dieses Maß für den Sinn der Wissenschaft wird ihr nie einfach zur Verfügung stehen. Den Horizont, in dem wir uns bewegen, nennen wir »Wahrheit«.

Dazu kommt ein Weiteres: Ein Paradigmenwechsel umfaßt nie das Ganze der Überzeugungen, Maßstäbe und Denkweisen einer Epoche. Das meiste von dem, was die vorige Epoche zur Entwicklung des menschlichen Nachdenkens, Erfindens und Erfahrens beigetragen hat, bleibt bestehen, auch im neuen Paradigma. Vielleicht ist schon der Ausdruck »Paradigmenwechsel« ein Zeichen von Überschätzung dieses Vorgangs. Auch in den Zeiten der Quantenphysik gilt die Newtonsche Physik für jeden weiter, der sich etwa mit Automobilbau oder mit Architektur beschäftigt. Auch wenn wir heute ganze Bereiche der Wissenschaft kennen, in denen die Erkenntnistheorie Kants durch einen anderen erkenntnistheoretischen Entwurf ersetzt werden muß, gilt doch, was Kant festgestellt hat, noch immer und überall, außerhalb dieser Bereiche der Veränderung. Ich rede darum statt von Paradigmenwechsel lieber von Paradigmenerweiterung. Denn die historische Abfolge von philosophischen oder naturwissenschaftlichen Theorien geschieht immer als eine Art Einbettung des neuen in das alte Paradigma. So auch in der Theologie. Auch in der Theologie wird nicht alles immer wieder neu erfunden. Traditionen können weder in der Naturwissenschaft noch in der Theologie einfach aufgegeben werden.

M. K.: Wie sehen Paradigmenwechsel in der Theologie aus? Es muß doch schon hin und wieder in der Geschichte solche gegeben haben?

J. Z.: Ach, nehmen Sie doch den Übergang des Christentums von der verfolgten jüdischen Sekte der ersten beiden Jahrhunderte zur zentralen Religion des untergehenden Römischen Reichs. Die Gedanken der Menschen, vor allem der Theologen, änderten sich damals grundlegend. Mit Hilfe der griechischen Philosophie und mit Hilfe der kaiserlichen Macht entstand damals das Dogma. Oder denken Sie an den Wechsel ins frühe Mittelalter. Oder an die Reformationszeit. Das alles waren klare und einschneidende Wechsel des Bewußtseins der Menschen jeweils einer bestimmten Zeit. Und das Christentum hat sich jeweils grundlegend gewandelt.

Heute erleben wir eine Art Auffächerung der Theologie in viele Einzelentwürfe, die jeweils an ihrem Teil einen solchen Paradigmenwechsel anzeigen, die dialektische Theologie, die existenziale, die hermeneutische, die politische, die Befreiungstheologie, die feministische und andere.

Paradigmen in der Theologie sind lang herangereifte, tief verwurzelte, alles beeinflussende, oft bewußte und oft unbewußte Grundannahmen hinsichtlich des christlichen Glaubens. Was heute gedacht wird, zeigt eine grundlegende Paradigmenerweiterung des christlichen Nachdenkens an. Auch wenn es noch nicht das ist, was kommen muß.

M. K.: Was muß denn kommen?

J. Z.: Das weiß ich auch nicht genau. Ich weiß nur, was war und was vorbei ist. Ich kann nur die zentrale Frage nennen, um die es geht und über die wir werden reden müssen: Der Protestantismus zum Beispiel entstand am Anfang der Neuzeit synchron mit dem Beginn der modernen Naturwissenschaft. Er trägt alle Merkmale dieser Epoche. Er gerät möglicherweise an ihrem Ende in seine entscheidende Krise. Die Frage lautet: Ist der Protestantismus das charakteristische religiöse Produkt der Neuzeit, zugleich ihr charakteristischer Repräsentant, der mit ihr zusammen in unseren Tagen von der Bildfläche verschwindet – oder läßt sich seine Aussage so transformieren, daß er den Überstieg in die völlig veränderte Landschaft des 21. Jahrhunderts bewältigt? Das ist das heimliche Grundthema, über das wir evangelischen Theologen heute nachdenken müssen.

M. K.: Da wäre entscheidend, was wir denn unter dem Wesen der Neuzeit, also der Epoche zwischen dem 16. und dem 20. Jahrhundert, verstehen wollen. Unter seinem »Paradigma«.
J. Z.: Das ist richtig. Was war und worin bestand zunächst einmal das naturwissenschaftliche Paradigma der Neuzeit? Worin äußerte sich der Geist dieser fünfhundert Jahre währenden Epoche? Wir könnten ihn, meine ich, am deutlichsten verkörpert sehen in dreien ihrer führenden Wissenschaftler: René Descartes, Francis Bacon und Isaak Newton.

Descartes zunächst: Er unterschied bekanntermaßen zwischen Bewußtsein und Welt. Zwischen res cogitans und res extensa, das heißt, er baute die Selbstgewißheit des menschlichen Bewußtseins aus der Tatsache auf, daß er sich von der Welt draußen unterscheide durch sein Denken, das heißt durch die Distanz zwischen dem Beobachter und der beobachteten Wirklichkeit, jener Distanz, die für die gesamte neuzeitliche Naturwissenschaft selbstverständliche Voraussetzung war.

Diese Spaltung zwischen Geist und Materie führte dazu, daß man die Welt als ein mechanisches System ansah, das seinerseits aus getrennten Einzelteilen besteht. Sie führte auch zur Spaltung im Menschen selbst, der sich nicht mehr als eine Einheit verstehen konnte, sondern ebenfalls als Dualität zwischen Materie und Denkfähigkeit. Aber das Bewußtsein dieses aus den Dingen zurückgenommenen Beobachters war das Merkmal eines neuen Selbstvertrauens, wie es für den Einstieg in die Wissenschaft nach dem Ende des Aristotelismus nötig war.

Descartes suchte nach einer Wissenschaft, die wie die Mathematik auf klaren Voraussetzungen beruhen sollte. Er hielt die Mathematik in einer Art Nachfolge der Pythagoräer für die eigentliche Sprache der Natur. Seine Philosophie war im Grunde eine Einleitung in die Naturwissenschaft. So eröffnete Descartes die moderne Philosophiegeschichte mit dem Anspruch auf irrtumsfreie naturwissenschaftliche Erkenntnis. Er begründete das, was man heute als Reduktionismus bezeichnet. Er schlug vor, Probleme in ihre Teile zu zerlegen und aus den Teilen eine logische Ordnung zu machen. Das führte in letzter Konsequenz zu dem Glauben der neuzeitlichen Naturwissenschaft, alle Aspekte komplexer Phänomene könnten dadurch verstanden werden, daß man sie auf ihre Bestandteile reduziert.

Er behauptete ferner, der Körper enthalte nichts, was dem Geist zugerechnet werden könne, und der Geist nichts, was zum Körper gehörig wäre, also eine absolute Trennung zwischen Geist und Körper.

Diese cartesische Spaltung zwischen dem Menschen und der Natur wirkte sich natürlich auch auf das wissenschaftliche Gottesbild der Neuzeit aus. Gott wurde – ohne faktische Gegenwart im Dasein des Menschen – zum Gott im Abstand. Das heißt: Wie die Natur in den Abstand gerückt wurde, so wurde auch Gott in den Abstand gerückt.

Wenn Descartes die Spaltung von Ich und Es gebracht hat, so brachte Francis Bacon den Gedanken der Herrschaft ein. Wenn das grundsätzliche Merkmal der Aufklärung die Distanz ist zwischen dem denkenden und forschenden Menschen und dem, was er bedenkt und erforscht, nämlich seiner Welt, ist er allem übrigen überlegen. Er ist der Herr der Natur. Das zeichnet sich bis heute durch, wenn wir von einem Fachmann verlangen, er müsse seinen Stoff »beherrschen«. Der Mensch also steht über der Natur oder außerhalb ihrer. Die Natur ist ihm unterworfen. Er kann sie erforschen und verstehen und nutzen.

In diesem Sinn war Bacon der Begründer einer methodisch geordneten Naturwissenschaft. Francis Bacon war um 1600 Lordsiegelbewahrer am englischen Hof. Von ihm ist der markante Spruch überliefert: »Wir müssen die Natur jagen, bis wir sie zur Beute haben. Wir müssen sie auf die Folter spannen, bis sie uns ihre letzten Geheimnisse herausgibt.«

Dazu muß man wissen, daß Francis Bacon zugleich Vater der experimentellen Naturwissenschaft und Generalstaatsanwalt der englischen Krone war und als solcher zuständig für alle Hexenprozesse seiner Amtszeit, verantwortlich für die Folterung und Verbrennung ungezählter Frauen. In ihm war jener männliche Wahn am Werk, dessen Opfer seit Jahrtausenden die Frauen waren und dessen Opfer seit Beginn der Neuzeit die Natur geworden ist.

In der Tat hat er als einer der Väter der modernen Naturwissenschaft weitergewirkt. »Die Natur auf die Folter spannen« und mit Genuß zuhören, was sie in ihrer Qual herausgibt, das ist heute noch keine ungerechte Beschreibung dessen, was ganze Zweige der Naturwissenschaft, und keineswegs nur die mit Tierversuchen beschäftigten, treiben, deren Methode weithin darin besteht, das zu zerstören, was sie erforschen.

Dabei ist die Durchmischung von Aberglauben und Rationalität gerade bei Bacon bezeichnend. Das wissenschaftliche Kesseltreiben auf die Natur setzt ein mit den Orgien der Hexenverfolgung. Und das nur deshalb, weil man den Herrschaftswillen des Menschen gegen alles durchsetzen wollte, was man als Natur ansah, zum Beispiel die Frau.

An dieser Stelle ist die Gleichzeitigkeit von Bacon und Friedrich von Spee, dem großen Mystiker, für uns heute ein Schulbeispiel: Friedrich von Spee, Verfasser eines Buches gegen die Hexenverfolgung, entging einer Verdammnis durch seine Kirche und seinen Orden nur dadurch, daß er vorher starb. Die Theologie ist in den Geist ihrer Zeit schon immer involviert gewesen.

Das Thema Bacons war der durch nichts begrenzte Herrschaftsanspruch des Menschen über die Natur. Danach steht der Mensch über der Natur oder gar außerhalb ihrer. Die Natur aber hat ihren Nutzungswert für den Menschen. Krieg gegen die Natur, wenn sie sich ihm verweigert, ist so legitim wie Krieg eines Herrschers gegen seine Untertanen, wenn sie aufsässig werden.

M. K.: Hat sich in der modernen Naturwissenschaft an diesem Herrschaftsanspruch irgend etwas geändert? Ich sehe es nicht.
J. Z.: Ich auch nicht. Es ist nur deutlich, daß er ein Merkmal einer vergangenen Epoche ist.

M. K.: Sie sprachen noch von Newton.
J. Z.: Ja. Die dritte repräsentative Figur im Anfang der Neuzeit war Newton. Newton schloß an Kopernikus und Galilei an. Die wissenschaftliche Revolution begann mit Kopernikus, der das geozentrische Weltbild des Ptolemäus und der damaligen christlichen Theologie zu Fall brachte. Auf Kopernikus folgte Kepler, der seine berühmten empirischen Gesetze von der Bewegung der Planeten formulierte. Der wirkliche Wandel jedoch war das Werk von Galilei. Er war der erste, der wissenschaftliche Experimente mit mathematischer Sprache verknüpfte, um die von ihm gefundenen Naturgesetze zu formulieren. Newton entwickelte eine vollständige mathematische Ausformulierung der mechanistischen Naturauffassung und schuf damit eine Synthese der Arbeiten von Kopernikus und Kepler, Bacon, Galilei und Descartes. Die Physik Newtons lieferte eine geschlossene mathematische Theorie der Welt, die bis ins 20. Jahrhundert hinein die solide Grundlage wissenschaftlichen Denkens blieb.

Ich müßte jetzt von den Newtonschen Gesetzen und den ihnen zugrundeliegenden Axiomen reden, aber das würde uns viel zu weit hinausführen.

M. K.: Und das alles hat auf Theologie und Kirche eingewirkt?
J. Z.: Natürlich. Immer wenn eine Epoche an ihr Ende gerät, stürzt, was sie maßgebend geprägt hat, in eine Glaubwürdigkeitskrise. In eine Krise seiner Plausibilität, seiner Überzeugungskraft. Was man für Wahrheit gehalten hatte, erweist sich als ergänzungs- und kor-

rekturbedürftig. Was als absolut galt, wird zur Näherung. Im 19. Jahrhundert wurde das Ende der Religion überhaupt erwartet. Es ist nicht eingetreten. Vielmehr wird an die Religion die Frage zu stellen sein, welche Korrekturen notwendig sind, damit ihr der Überschritt in die neue Epoche gelingen kann. Ich habe schon gesagt: Nach jedem Paradigmenwechsel ist jede Religion eine andere.

Bedenkt man, daß das Christentum, vor allem in seiner protestantischen Ausprägung, sich seit dem 16. Jahrhundert in dieses Weltbild der Neuzeit eingezeichnet hat, speziell zum Beispiel in der Form des Historismus, des Kulturprotestantismus oder des Liberalismus des 19. Jahrhunderts, aber auch in allen anderen Ausprägungen, so kann die Krise, in der die Kirchen sich heute ebenso wie die Gewerkschaften, die Parteien, die Kultur oder die Kunst befinden, nicht verwundern. Die Frage ist aber dann: Was ist zeitgebunden und überholt, und was müssen wir ändern und neu finden, um für die kommende Epoche das Wort zu haben, dessen sie bedarf?

Wenn aber im Paradigmenwechsel am Ende des Mittelalters der Protestantismus entstand mit allen Zeichen des neuzeitlichen Paradigmas, dann scheint mir ganz offen zu sein, was aus dem Protestantismus nach dem Ende des zweiten Jahrtausends geworden sein wird. Ein Stück neuzeitlichen Museums oder eine neue, treibende Kraft in eine offene Zukunft.

In der heutigen Physik werden Fragen gestellt, die über die eigentliche Wissenschaft weit hinausreichen. Wir hören von heutigen Physikern etwa Sätze wie diesen: Alles, was wir feststellen, ist Energie. Oder: Geist und Materie sind ein und dieselbe Realität. Oder: Wir sind eingesponnen in ein Informationsfeld aus Bewußtsein und Natur. Die Physik redet nicht von der Wirklichkeit, sondern nur von diesem Informationsfeld. Oder: Die Welt scheint außerhalb des Bewußtseins nicht zu existieren. Die Wirklichkeit ist im Grunde nichts als ein gewaltiger Gedanke. Und so berühren sich heute die Entdeckungen der Physik mit dem Bildmaterial einer metaphysischen Intuition.

Es ist einfach wichtig und muß bedacht werden, wenn wir hören: Nichts ruht. Alles ist Bewegung. Aber es gibt keine Objekte, die sich bewegen. Alles ist ein großer Tanz, aber es gibt keine Tänzer. Und das ist nicht etwa Poesie, sondern Wissenschaft, die so spricht. Oder: Alles in der Welt ist dynamisch. Ihre Merkmale sind Wechselwirkung und Umwandlung. Oder auch: Geist und Materie sind sich gegenseitig einfaltende Projektionen einer größeren Wirklichkeit, die weder Materie noch Geist ist. Es gibt ein kosmisches Bewußtsein, das in alle Dinge hineinreicht, und alle Dinge haben an der Freiheit teil. Oder: Die Wirklichkeit gründet auf einer nicht materiellen Dimension, einer bloßen Zahlenwolke. Früher war die Natur ein klar und geordnet vor dem menschlichen Geist liegendes Arbeitsfeld der Wissenschaft. Man kannte ihre Gesetze, und man stellte sich vor, man werde am Ende alle ihre Rätsel gelöst haben.

Früher war die Konsequenz der naturwissenschaftlichen Forschung der moderne Materialismus und Atheismus. Heute fällt auf, daß in der Naturwissenschaft religiöse Fragestellungen eine zunehmende Rolle spielen und daß sie die Färbung einer mystischen Grundhaltung tragen. Zitate von Hildegard von Bingen oder Meister Eckehardt geistern überall durch die physikalische Literatur. Einer der Grundgedanken dabei ist immer wieder der, man müsse das Universum als eine Art Innenwelt des Bewußtseins sehen. Dieses Bewußtsein des Menschen aber sei wiederum von einem Bewußtsein umschlossen, in dem das zentrale Geheimnis des Daseins zu vermuten sei, das man vielleicht auch Gott nennen könne.

M. K.: Aber das ist, wenn ich recht verstehe, noch kein christlicher Gedanke.

J. Z.: Natürlich nicht, es sind aber religiöse Ideen. Es ist durchaus begreiflich, daß es bei den führenden Physikern der letzten vierzig Jahre eine auffallende Vorliebe für den Buddhismus gibt, der sagt, die Trennung zwischen Geist und Materie sei eine Illusion. Wenn der Buddhismus sagt: »Deine äußere Welt und deine innere ist dasselbe. Was du außen siehst, das bist du selbst«, dann wird ihm mancher moderne Physiker zustimmen.

Wenn ein Physiker von heute sieht, wie für den Buddhismus alles vom Kleinsten bis zum Größten vernetzt ist und jedes Ding von jedem anderen abhängig, dann fühlt er sich zu Hause.

Was sich da zeigt, ist nicht das christliche Bild von Gott. Nicht das Bild einer Person, die Gott heißt. Vielmehr eine Art Kraft hinter allen Kräften, eine Art transpersonaler Macht. Man gelangt dabei auch nicht zu dem für die Bibel kennzeichnenden Abstand zwischen Gott und Mensch, zwischen Gott und Welt, sondern im Gegenteil zu einer dichten Verflechtung dieses Gottes mit unserer Welt und mit uns Menschen. Man ist damit auf Wege gewiesen, die von jeher für die Mystik kennzeichnend waren, und man findet auch zum Christentum allenfalls auf den Wegen des mystischen Nachdenkens. Carl Friedrich von Weizsäcker, mit dem ich neulich lange darüber sprach, hat mir dies voll bestätigt.

M. K.: Sprechen Sie jetzt von Dingen, die in der Physik allgemein anerkannt sind, oder von den Meinungen einzelner?
J. Z.: Ich spreche von dem, was unter den Nachdenklichen in der physikalischen Forschung gedacht oder vermutet wird. Natürlich kann man Physik auch treiben, ohne über den Tellerrand des bloßen Experiments hinauszudenken. Aber die Gesamtrichtung, die die Wissenschaft nimmt, ist deutlich.

M. K.: Und wohin geht sie?
J. Z.: Sie läuft weg von dem vorhin geschilderten Paradigma der Neuzeit und in eine völlig neue Richtung. Sie läuft weg von der Spaltung zwischen Mensch und Natur, wie sie Decartes gesehen hat und mit ihm die ganze Neuzeit, und hin zu einer Integration des Menschen in die Natur. Bisher repräsentierte der Mensch den Geist, die Natur die Materie, und so teilten sich die Wissenschaften in Geistes- und Naturwissenschaften. Das ist vorbei. Heute ist klar, daß der Mensch der Natur eben nicht distanziert

gegenübertritt, sondern ein Teil von ihr ist. Was in ihm selbst vorgeht, geht in einem Stück Natur vor. Er beschreibt nicht, was ihm gegenüber ist, er verändert durch seinen Eingriff das Ergebnis seines Forschens. Die Naturwissenschaft ist also ein Teil des Zusammenwirkens zwischen der Natur und uns. Das hat Heisenberg schon 1956 gesagt: »Das naturwissenschaftliche Weltbild hört damit auf, ein eigentlich naturwissenschaftliches zu sein.« Es geschieht also ein Wandel von der Objektanalyse zur Analyse von Wechselbeziehungen. Der Mensch offenbart sich als ein Mitspieler der Natur, der in das Spielgeschehen integriert ist.

M. K.: Damit verändert sich aber doch im Grunde alles? Die Wissenschaft, die Natur, die Selbsteinschätzung des Menschen, die Aufgabenstellung für den Menschen. Ist es nicht so?

J. Z.: Gewiß. Die Neuzeit war überzeugt, das entscheidende Merkmal des Gesamtuniversums sei die Unterscheidung von Geist und Materie. Die Materie habe keinen Anteil am Geist und der Geist keinen Anteil an der Materie. Das ist vorbei. Für die heutige Physik kann keine Form von Geist gedacht werden, der außerhalb seines Zusammenhangs mit Materie oder Energie stünde. Es gibt keine geistlose Materie. Bewußtsein und Materie beziehungsweise Energie sind komplementäre Vorstellungen. Sie sind zwei miteinander verwobene Aspekte der Wirklichkeit.

Diese Entwicklung hat sich vorbereitet in der sogenannten »Lebensphilosophie« des 19. Jahrhunderts, bei Carus, Görres, Bachofen, Bergson vor allem, aber auch Klages und Scheler. Nach ihnen schon konnte Gott nicht mehr nur als ein rein geistiges Wesen gesehen werden, vielmehr als beides, Geist und Materie, übersteigend. Die Welt läßt sich nicht länger mit einer Maschine vergleichen, sondern eher mit einem ungeheuer differenzierten Gedanken. Die Welt als Maschine, wie sie von Laplace gedacht wurde, ist heute undenkbar, und mit ihr der ganze Komplex aller materialistischen Modelle.

M. K.: Gibt es noch mehr solche Veränderungen?

J. Z.: Ich könnte Ihnen noch drei oder vier nennen, die mir im Augenblick einfallen. Zum Beispiel die folgende: Man ging durch die ganze Neuzeit hin davon aus, die Natur lasse sich in Schichten, Bereiche, Ebenen oder Teile aufgliedern. Man könne bei irgendeinem Teil anfangen und es zu Ende untersuchen und nähere sich damit dem Ganzen. Man nennt dieses Verfahren »Reduktionismus«. Heute sagt etwa Heisenberg: »In Systemen ist das Ganze mehr als die Summe der Teile.« Oder von Weizsäcker: »Es gibt in der Quantentheorie keine getrennten Objekte, sondern nur ein Ganzes. Die Frage ist nicht mehr: Wie kommen wir an das Ganze? Sondern: Wie ist überhaupt eine Physik denkbar, die sich den Teilen als Objekten zuwendet?« Im alten Paradigma glaubte man, die Dynamik des Ganzen lasse sich aus den Teilen verstehen, im neuen lassen sich die Eigenschaften der Teile nicht mehr begreifen, wenn man nicht von der Dynamik des Ganzen ausgeht. Was wir als Teile bezeichnen, ist nur ein Muster innerhalb eines unauftrennbaren Gewebes von Zusammenhängen, und in diesen Zusammenhängen kann, wie von Weizsäcker sagt, kein einzelnes Ereignis fraglos als real angesehen werden.

Ich will noch eine Entwicklung mehr zeigen: Es war bisher selbstverständlich, die Welt nach Art eines Bauwerks aufzufassen. Man etablierte unten das Reich der toten Materie, darüber das Reich der Pflanzen, darüber das Reich der Tiere und endlich das Reich des Menschen und seiner Kultur. Die Welt war – und das galt schon seit Aristoteles – in Stockwerken aufgebaut. Das Ganze war eine ruhende, in sich gegliederte Struktur. Heute spricht man statt von einem Bauwerk lieber von einem Netzwerk. Es gibt keine Grundlage, auf der sich anderes erst aufbaut. Es ist alles gleich fundamental. Im alten Paradigma war das Gesetz von Ursache und Wirkung unumstößlich. Heute spricht man eher von Wechselbeziehungen, von kybernetischen Zusammenhängen. Heute ist man vorsichtig damit geworden, von einfachen Ursachen zu sprechen oder von isolierten Wirkungen. Man sagt lieber, alles, was geschieht, ergibt sich aus allem, was vorher war, und ist

Teil des Beweggrundes von all dem, was nachher geschehen wird. Es gibt kein Oben und kein Unten. Und das gilt nicht nur für die Physik, sondern auch für die Biologie. So gibt es heute eigentlich kein einzelnes Weltmodell mehr, sondern verschiedene miteinander vernetzte Weltmodelle, auch zum Beispiel eine Verbindung von kausalen und akausalen Abläufen. So sagt der amerikanische Physiker David Bohm: »Die Welt ist eine ungeteilte Ganzheit in fließender Bewegung.« Man denkt heute nicht mehr so sehr in Strukturen, sondern in Prozessen. Und diese Prozesse werden in der Biologie heute als wesentlich geistige Vorgänge angesehen, der Geist wird als Prozeß definiert.

Sie können noch einen Aspekt hinzunehmen: den der Kausalität. Die Zeit, in der man meinte, man brauche nur den gegenwärtigen Zustand eines Systems zu verstehen, um alles Künftige voraussagen zu können, ist vorbei. Hier war die Quantenmechanik Lehrmeisterin. In der Quantenmechanik kann man allenfalls von statistischen Gesetzen reden, gesicherte Voraussagen gibt es nicht. Heisenberg sagt: »Die Quantenphysik hat die definitive Widerlegung des Kausalitätsprinzips erbracht«, und wenn dieser Satz auch nur in der Quantenphysik gelten kann, so ist doch bezeichnend, daß ein Bereich im Zusammenhang des Netzwerks der Natur solche Feststellungen nahelegt. Offenbar gibt es einerseits ein sprunghaftes, andererseits ein ursachloses Geschehen. Und auch wenn das nur für seine Voraussagbarkeit gilt, so weist es doch darauf hin, daß es objektive Lücken in der kausalen Verknüpfung gibt. Es geht also darum, Kausalität und Akausalität miteinander zu verknüpfen. Und das gilt bis in die Anthropologie: Freiheit und Fremdbestimmtheit sind auch für den Menschen keine Gegensätze mehr, sie bedingen einander vielmehr gegenseitig.

M. K.: Warum haben Sie eigentlich in Ihrem ganzen Leben, in dem Sie über so viele Dinge geredet haben, davon nie geredet? Das wäre doch auch für Ihr eigenes Fach von einiger Wichtigkeit gewesen.

J. Z.: Das ist einfach. Ich konnte mich erst in den letzten Jahren so intensiv damit befassen, wie es nötig ist, um davon zu reden. Und auch deshalb, weil es besser ist, im Rahmen eines Fachs zu bleiben, von dem man etwas versteht. Vielleicht kann ich eines Tages meinen Beitrag zu diesem Feld doch noch leisten. Denn die Entwicklungen sind ja in vollem Fluß, und es ist kein Ende und kein Ziel abzusehen.

Leute wie Pagels oder Weinberg sagen heute etwa so: »Das Universum ist eine in einem Code abgefaßte Nachricht, und der Wissenschaftler hat die Aufgabe, diesen Code zu entschlüsseln.« Er wird aber am Ende nur seine Deutung in der Hand haben und nie die Wirklichkeit. Er wird Bilder in der Hand haben, Metaphern, Gleichnisse, die ihm sagen, was über seine Experimente zu seinem Denken durchdringen will. Der Verzicht auf eine Wissenschaft von der realen Außenwelt und ihr Ersatz durch eine mythologische Sprachphilosophie scheint der nächste Schritt zu sein, den die Naturwissenschaft gehen wird.

Und wenn wir als Theologen in das 21. Jahrhundert gehen, dann werden wir unter den nachdenklichen Menschen ein Weltbild antreffen, das mit der Welt, in der wir heute nachdenken, fast nichts mehr gemeinsam hat. Dieses neue Weltbild wird dem Christentum in vielem näher sein als das bisherige. Es wird sich jedenfalls nicht aus dem Gegensatz zur Theologie verstehen. Es wird auf der anderen Seite uns viel ferner sein und einen Neuentwurf unseres Denkens fordern, an den wir uns noch längst nicht gewagt haben. Wenn wir uns freilich darauf einlassen, dann werden uns unsere eigene mythologische Sprache, unsere eigene Bilderwelt mit ihren hintergründigen Bedeutungen neu vertraut werden, und wir werden erkennen, daß es auch für die Theologie immer nur um Bilder gehen wird, in denen wir von der Wirklichkeit Gottes und der Welt reden, um Hinweise, um Andeutungen, und daß über solche Symbole oder Andeutungen noch keine Theologie hinausgekommen ist.

M. K.: Sie meinen also, das Gespräch zwischen Naturwissenschaft und Theologie werde künftig wichtiger und intensiver sein als bisher?

J. Z.: Ja. Aber wir werden mit einem nachdenklichen Physiker in unserem Land erst dann wirklich in ein sinnvolles Gespräch eintreten können, wenn wir die Tradition der Mystik, die die christliche Geschichte seit zweitausend Jahren durchzieht, wieder aufnehmen. Sie hat die Sprache und die Bilder, mit denen wir heute zu einem Einvernehmen über religiöse Dinge überhaupt kommen können. Aber das ist ein eigenes Thema, und es hat nur am Rande mit den Entwicklungen in der Physik zu tun. Es ist uns durch eine allgemeine Bewußtseinsentwicklung in diesen Jahren vorgegeben. Wenn wir heute nicht mehr abstrakt einerseits, naiv andererseits von Gott reden wollen, müssen wir die Bilder wiederfinden, mit denen die Mystiker aller Zeiten das Geheimnis Gottes umschrieben haben. Ich habe aber die heimliche Hoffnung, daß mir auf dieser Erde noch so viel Zeit gegeben wird, daß ich das Meine dazu eines Tages deutlicher und detaillierter sagen kann.

6
Wiederentdeckung der Mystik

M. K.: Unabhängig von Berufsplänen, so haben Sie einmal gesagt, habe es in Ihren jungen Jahren einen großen Wunsch gegeben, der sich bis heute durchgehalten hat. Immer wieder, in Andeutungen zumeist, sprechen Sie von einem Mangel, den Sie an Ihrem protestantischen Christentum empfunden hätten, nämlich einem Mangel an religiöser Erfahrung, einem Mangel an mystischem Empfinden und Nachdenken. Das begleitet Sie doch wohl bis heute.
J. Z.: Ich habe mit einundzwanzig Jahren in einem Brief, den ich als Kriegsteilnehmer nach Hause schrieb, gesagt: »Wenn das Christentum nicht seinen mystischen Hintergrund wiederentdeckt, dann hat es uns nichts mehr zu sagen.«

M. K.: Würden Sie das heute noch festhalten?
J. Z.: Gewiß – genauso.

M. K.: Aber Sie haben es in den fast fünfzig Jahren seither nie so klar in der Öffentlichkeit gesagt.
J. Z.: Das nicht, aber es stand praktisch im Hintergrund von allem, was ich gesagt habe. Und man versteht, was ich im Lauf meines Lebens getan oder gesagt habe, nicht ohne den Hintergrund dieser Überzeugung. Wenn das Christentum nicht seinen mystischen Hintergrund wiederentdeckt, wird es im 21. Jahrhundert nur noch zu den Resten einer vergangenen Zeit gehören. Was ich bisher gesagt habe, das war insgesamt eine vorsichtige Einübung solcher aus der mystischen Tradition stammenden Gedanken. Man kann nicht mit Veränderungen, die man für epochal hält, plötzlich hereinbrechen. Man muß sie vorbereiten. Aber heute möchte ich anfangen, klar zu sagen, was mir für den weiteren Weg der Kirche am wichtigsten scheint.

M. K.: Können Sie es wenigstens andeuten?
J. Z.: Wir müssen heute wiederentdecken, was die maßgebende Quelle unseres Glaubens, die Bibel, wirklich sagt. Wir müssen

zum Beispiel, das wäre eine Art Vorarbeit, wiederentdecken, daß es im Neuen Testament eine ganze Anzahl mystischer Entwürfe gibt. Es gibt bei Jesus eine genau analysierbare Reich-Gottes-Mystik, bei Paulus gibt es eine ausgeführte Christus-Mystik. Bei Johannes eine tiefsinnige Geist-Mystik. Im Kolosserbrief eine weit ausgreifende kosmische Mystik. Und all das ist, gerade in dem mit der Bibel besonders intensiv befaßten Protestantismus der ersten Jahrzehnte dieses Jahrhunderts, immer ausgeklammert worden.

M. K.: Auch von den großen Lehrern, von Barth, Bultmann oder Gogarten?

J. Z.: Gerade von ihnen am konsequentesten.

Uns Studenten hat man vor fünfzig Jahren gesagt, Mystik habe mit christlichem Glauben nichts zu tun. In der Heiligen Schrift gebe es keine Mystik. Wir haben das geglaubt und haben von dem, was wir darüber hinaus selbst erlebt und erfahren haben, nicht mehr geredet. Das Ergebnis ist die »Seelendürre und Geistestrockenheit«, die die öffentliche Rede unserer Kirche heute kennzeichnet. Die Folge ist, daß unzählige Menschen, die ein wirkliches geistliches Leben suchen, auf der ganzen Welt herumsuchen, in der New-Age-Bewegung, bei Sekten und allerlei Gurus, daß wir sie in indischen Ashrams wiederfinden oder in buddhistischen Tempeln, weil sie dort suchen, was die Kirche ihnen nicht gibt.

Man hat uns gelehrt, religiöse Erfahrungen hätten im Leben eines Christen keine Rolle zu spielen. Die einzige Quelle sei die Heilige Schrift. Nun haben aber unzählige Menschen solche Erfahrungen und können sie nicht abwehren. Was tun sie damit? Karl Rahner hat einmal gesagt, der Mensch der Zukunft werde entweder ein Mystiker oder aber ein Heide sein.

Man hat uns gesagt, der Glaube entstehe auf dem Weg des Hörens, des Hörens auf die Bibel oder auf die Predigt. Was soll man aber damit anfangen, daß man plötzlich etwas nicht hört, sondern schaut? Ich selbst hatte als Kind und als junger Mensch immer wieder Visionen, in denen alles, was ich sah, durchsichtig wurde wie Glas, auch ganze Landschaften, vor denen ich stand. Es war alles von Licht durchdrungen und von einer großen Liebe, und mir war völlig klar, daß mir das von Gott gezeigt würde, mehr noch, daß dieses Licht in den Dingen, in den Steinen, in den Bäumen und überall im Land Gott sei. Ich habe dann als Theologe, der gelernt hat, das habe mit dem christlichen Glauben nichts zu tun, nie davon geredet. Ich fange jetzt erst, auf meine alten Tage, damit an.

M. K.: Das scheint mir sehr persönlich erfahren und eigentlich nicht zeittypisch.

J. Z.: O doch. Ich kenne eine große Zahl von Menschen, die solche Erfahrungen machen und sie als ihren Trost und ihren Halt durch ein Leben hin bewahren, die aber nicht davon reden, weil sie keine Sprache haben, in der sie es formulieren könnten, und weil sie immer wieder nur hören: »Du bist überreizt.« »Vergiß das.« Wir leben geistlich, wie Hölderlin sagen würde, in dürftiger Zeit.

M. K.: Hat das Konsequenzen für die religiösen Vorstellungen der Menschen?

J. Z.: Ja. Es ist Zeit, daß unsere Vorstellungen von Gott vollständiger werden, als sie es üblicherweise sind, spannungsreicher, daß sie mehr von seinem Geheimnis aussagen.

Gott ist uns zunächst das Bild einer großen Person. Er ist nichts Verschwimmendes, wie auch der Mensch kein verschwimmendes, sondern ein konkretes Wesen ist. Eigenschaften wie hören können, sehen, denken, planen, urteilen, gehören zum Wesen einer Person. Einem Du, einer Person gegenüber, sagt die Bibel, ist die angemessene Haltung das Stehen. Das Gegenübersein. Das Begegnen. Einem Du gegenüber bin ich auf meine eigene Identität angesprochen. Es hat schon seinen Sinn, daß der christliche Glaube darauf besteht, Gott sei ein Du, dem zu begegnen möglich sei.

Eine Person. Sie stehe dem Menschen gegenüber, und der Mensch lerne dabei den aufrechten Gang und den aufrechten Stand. Er finde zu Selbstbewußtsein und Willen. Das alles ist uns selbstverständlich, auch wenn gerade dies, die Personhaftigkeit Gottes, also seine Menschenähnlichkeit, dazu geführt hat, daß man sagte, Gott sei eigentlich eine Projektion des Menschen.

Auch ich habe das schon als Kind so gelernt, daß Gott Person sei. Wenn ich aber mich selbst fragte und nicht die anderen, dann erschien mir Gott auch in ganz anderem Licht und ganz anderer Gestalt. Und ich gestehe gerne, daß »Gott« als das große Du mir bis zum heutigen Tag nur das eine von zwei Bildern von Gott ist, die nicht auszugleichen und zu verbinden sind, die aber beide ihre Zeit und Stunde haben, in der sie ihre Wahrheit zeigen. Gott, so meinte ich auch damals schon, sei nicht nur mir gegenüber, sondern vor allem um mich her, und ich lebte in ihm wie der Fisch im Meer oder der Vogel in der Luft. Ich wußte mich schon als Kind auf eine kaum beschreibbare Weise von ihm umgeben wie von allen Dingen und Elementen dieser Welt. Ich war mir sicher: Ich brauchte nicht zu ihm zu reden. Er war um mich, und er war in mir, und wie jedes Blatt an einem Baum sein Ort war, so war auch jeder Gedanke in mir Ort seiner Gegenwart. Wenn ich Tersteegens Lied »Gott ist gegenwärtig« für den Konfirmandenunterricht auswendig lernte, stimmte ich zu: »Luft, die alles füllet – drin wir immer schweben.« Das war es. Das war Gott. Wie beides aber zusammenhing, das hätte ich nicht zu sagen gewußt.

M. K.: Und Sie haben das über Ihr ganzes Leben hin verschwiegen?

J. Z.: Nicht ganz. Aber ich fand, die theologische Fachdiskussion sei damals wie heute für solche Dinge zu unsensibel. Jetzt rede ich davon. Ich sage heute: Alles, was ich schaue an Bildern dieser Welt, ist Spiegel und Gleichnis von Gottes Gegenwart. Was wahr ist, ist die Wahrheit Gottes. Was lebt, ist das Leben Gottes. Was schön ist, ist seine Schönheit. Was leidet, in dem leidet Gott. Was stirbt, stirbt in ihn zurück. Gott ist das Meer alles dessen, was ist. Auch das Meer in mir selbst, das ich nicht ergründe. Denke ich Gott, so tauche ich ein in ein Meer unendlicher Gegenwart, und von keinem Wesen, auch keinem Werk eines Menschen ist vorstellbar, daß es anderswo wäre als in ihm. Glauben könnte ich also beschreiben als eine Art von ozeanischem Bewußtsein.

M. K.: Ist das mit dem landläufigen Christentum zu vereinigen?
J. Z.: Jedenfalls nicht leicht. Wir müssen lernen, mit Widersprüchen zu leben. Die Widersprüche liegen mitten in der Erfahrung. Die Mystiker sagen, Gott sei das unendliche Schweigen. Dabei wissen sie so gut oder genauer noch als viele andere wichtige Zeugen des christlichen Glaubens, daß Gott in Christus sprach, daß Gott sein Wesen darin hat, ein sprechender Gott zu sein.

So sagt die Bibel, Gott sei das Licht in allem, was leuchtet, und in ihm sei keine Finsternis. Wir lesen aber im selben Buch, Gott sei auch der Ursprung von Nacht und Dunkelheit, er sei auch Finsternis und Abgrund.

In den großen Dokumenten der Mystik lese ich, Gott sei die große Leere, denn nichts, was in ihm sei, könnten wir begreifen. Aber ich kann durchaus im Sinne jener Meister sagen, Gott sei gerade umgekehrt die Fülle alles Denkbaren, und nichts sei anderswo als in ihm. Woher kam der urzeitliche Feuerball, in dem die Welt entstand? Kam er aus dem Nichts? Aus der Leere? Aber diese Leere muß eine Potenz von ungeheurer Kraft und Fülle gewesen sein. Wir sagen: Diese Leere ist Gott. Diese Leere ist die Quelle aller Wirklichkeit. Die Fülle und Leere zugleich, die Gott heißt.

M. K.: Es geht Ihnen also um eine Wiederentdeckung mystischer Gedanken, mystischer Frömmigkeit, mystischer Weltsicht, mystischer Wege zu Gott.
J. Z.: In der Tat. Dieser Meinung bin ich.

M. K.: Was bezeichnen Sie mit Mystik? Das Wort ist doch sehr unklar.

J. Z.: Das Wort ist tatsächlich unklar. Jeder, mit dem ich darüber rede, stellt sich etwas anderes darunter vor. Vielleicht sollte man nicht mit einer Definition beginnen, die sagen würde: Das und das genau ist Mystik. Mystik ist so vielfältig wie die Menschen, denen sie etwas bedeutet. Sie ist so vielfältig wie die religiösen Gedanken der Menschen rund um die Erde. Denn es gibt ja mystische Strömungen in allen Religionen. Alles, was als Mystik gesucht und gefunden wird, beschrieben und bedacht, ist Ausdruck einer persönlichen Erfahrung. Man kann, was Mystik ist, nicht vereinheitlichen. Man kann es nicht in Lehrsätze oder Dogmen fassen. Es ist das Eigenste, das in einem religiösen Menschen Raum greifen kann.

Es scheint schon mehr Sinn zu haben für den Anfang, sich die lange Reihe derer vor Augen zu führen, die wir als Mystiker bezeichnen, und darüber zu staunen, was für ein Reichtum an Gedanken und Einsichten uns dabei begegnet. In der Tat ist die christliche Geschichte ohne die von Anfang bis heute sich durchziehende mystische Tradition nicht vorstellbar. Und ich meine nun eben, sie sei auch künftig ohne einen neuen mystischen Beitrag nicht denkbar.

M. K.: An welche Gestalten der christlichen Geschichte denken Sie dabei?

J. Z.: Ich sagte schon: Die ersten Elemente von Mystik finden wir bei Jesus selbst, bei Paulus und Johannes. Aus diesen Anfängen im Neuen Testament entstand jene frühe Christusmystik, die bei den ersten Kirchenvätern gelehrt wird und die den Sinn und das Ziel des Christenlebens in seiner Identifizierung mit Christus, dem Logos, sah. Sie begleitet die Kirche seit ihrem Anfang in großen Lehrern wie Clemens von Rom oder Ignatius, wie Origenes oder den Mönchen der ägyptischen Wüste, in Gregor von Nyssa, Augustin oder Gregor dem Großen. Sie setzt sich im beginnenden

Mittelalter fort in Deutschland mit der Frauenmystik bei Hildegard von Bingen, Mechthild von Magdeburg, Mechthild von Hackeborn und Gertrud der Großen, die vor allem bei Hildegard eine Mystik der Einbeziehung aller Lebensgebiete in die Welt des Glaubens war, der Natur, der Medizin, der sozialen Fragen und der politischen Tagesaufgaben. Diese mittelalterliche Frömmigkeit erreicht ihren ersten Höhepunkt in Bernhard von Clairvaux, dem Mystiker der göttlichen und der menschlichen Liebe, und in Franz von Assisi, für den die ganze Welt transparent war auf das Licht Gottes hin und alle Kreatur, auch Tier und Pflanze, ein Gleichnis für Gott. Und in seiner Nachfolge in Angela von Foligno. Dann in der deutschen Dominikanermystik bei Meister Eckehardt, Johannes Tauler und Heinrich Seuse. Und am Ende des Mittelalters folgen dann Einzelgestalten wie Nikolaus von Flüe, Thomas a Kempis mit seinem weithin wirkenden Buch von der Nachfolge Christi oder auch der große Kirchenführer, Philosoph und Theologe Nikolaus von Cues.

Im Raum der orthodoxen Ostkirchen steht am Anfang des Mittelalters Simeon der Theologe mit seinen wunderschönen Hymnen, die immer wieder bezeugen, das Licht des Christus erfülle die Seele, und so erfahre die Seele ihre Einheit in Gott. Es folgt im Osten die orthodoxe Sakramentsmystik, bei der die Liturgie, der Verlauf des Gottesdienstes als Anleitung zum Hinschreiten auf die Vereinigung mit Christus verstanden wird. Und es folgt die lange und segensreiche Geschichte des Starzentums. Starzen waren Mönche, die zunächst in einem Kloster alle Grade der mystischen Erfahrung durchliefen, dann aber als Einsiedler in die Wälder und Steppen der Weiten Rußlands hinauszogen, um den Menschen als Seelsorger zu ihrer Erleuchtung und Erlösung zu helfen. Dostojewski hat diesen Starzen in seinem Starez Sossima in den Brüdern Karamasoff ein unvergängliches Denkmal gesetzt.

Das Mittelalter endet im Westen mit Katharina von Siena, in Holland mit Jan Ruysbrok, der die Menschen zur Gelassenheit führte auf dem Wege über die völlige Passivität im »dunklen, wesenlosen Abgrund Gottes«. In England war es Juliana von Norwich. Dazu kam die zahlenmäßig weit verbreitete Beginen-Bewegung im ausgehenden Mittelalter, die nicht nur von mystischer Frömmigkeit, sondern auch von konkret zugreifendem sozialen Willen bestimmt war.

M. K.: Sie sind aber doch evangelisch.

J. Z.: Die evangelische Verkündigung war von Anfang an durchtränkt von mystischen Gedanken und ist anders kaum zu begreifen. Im Übergang zur Reformation war es das Buch eines Unbekannten mit dem Titel »theologia deutsch«, eine mystische Schrift, die Luther als junger Mann neu herausgab und die ihn tief bestimmte. Man versteht den Weg Luthers nicht, wenn man diesen seinen Ausgangspunkt nicht kennt. Er hat ihn befähigt, später die Christusmystik des Paulus bis hin zu seiner Gnaden- und Rechtfertigungslehre neu zu formulieren.

Dieser erste reformatorische Impuls – gerade die Mystiker des Mittelalters waren es gewesen, die immer wieder, von Jahrhundert zu Jahrhundert, nach der Reform der Kirche gerufen hatten – setzte sich später im sogenannten linken Flügel der Reformation fort, der sich von Luther absetzte, vor allem, als Luther den Fürsten allzusehr zu Willen war. Dieser linke Flügel war durchgehend von mystischem Geist bestimmt, und er war weithin zum sozialen Umbruch entschlossen als der Konsequenz der Christusnachfolge in der Gesellschaft. Luther nannte sie Schwärmer, das hatte damals den Klang unseres Worts von den »Chaoten«, weil sie sich nicht an irgendeine von oben verordnete Kirchenlehre anpassen wollten und weil sie das Ende der Herrschaft der Reichen und der Fürsten über das einfache Volk forderten. Besonders wichtig in dieser Zeit war Thomas Müntzer, aber auch die anderen, zum Teil leiseren und behutsameren Reformer wie Hans Denk, Kaspar Schwenkfeld, Valentin Weigel, Sebastian Frank, der von der unsichtbaren Geistkirche sprach. Ihnen allen stand das innere Wort über dem äußeren Wort, der Geist Gottes über dem Geist der Theologie, die Lebensordnung des Reiches Gottes über der der Gesellschaft ihrer Zeit. Es ist überhaupt wichtig, daß wir sehen: Mystik ist nichts, das den Menschen notwendig aus der Welt hinauswiese, im Gegenteil, die Mystiker kamen nach ihren inneren Wegen zu Gott mit neuer und großer Freiheit zurück in die Welt und forderten dort Reform auf allen Gebieten, eine Veränderung des Bewußtseins oder der Strukturen. Und wenn so viele von ihnen von ihrer Kirche ausgestoßen oder verurteilt wurden, dann nicht wegen ihrer Frömmigkeit, sondern wegen ihrer revolutionären Energie.

Die Blütezeit der evangelischen Mystik war das 16. und 17. Jahrhundert. Johann Arnd steht da am Anfang (1555-1621) zusammen mit Johann Gerhard. Arnds »Bücher von wahrem Christentum« haben tief in die evangelische Frömmigkeit der folgenden Jahrhunderte hineingewirkt. Vor allem aber waren es die Väter des Pietismus, die großenteils der mystischen Tradition zuzurechnen sind. Philipp Jakob Spener, Zinzendorf, in Württemberg Oetinger oder Michael Hahn, der mit seinen Gedanken von der Zentralschau, in der er das Gotteslicht wahrnahm und die Gottesgegenwart in allen Dingen sah, in vollem Sinn als Mystiker zu bezeichnen ist. Dazu kommt Jakob Böhme, der von der abgründigen Lebensfülle Gottes sprach, die das Gute und das Böse, das Licht und die Finsternis in sich begreift. Ein Gedanke, der heute wieder auf uns zukommt.

M. K.: Läßt sich ein Grundgedanke nennen, der für die evangelische Mystik wegweisend war?

J. Z.: Der Grundgedanke der evangelischen Mystik war, der Mensch müsse eine Wiedergeburt erfahren als einen Entstehungsprozeß des inneren Menschen, der durch das innere Wort genährt wird und durch den ein Rest von göttlichem Ebenbild wiedererweckt wird. Dabei ist das innere Wort dem äußeren übergeordnet. Der spirituelle Weg aber geht danach vom Geist zum leiblichen, zum sozialen Leben. Ohne diese mystische Linie möchte ich mir den Protestantismus und seine Geschichte nicht gerne vorstellen.

M. K.: Und heute? Gibt es heute Strömungen in der Kirche, in denen eine neue Mystik gepflegt und bedacht wird?

J. Z.: In unseren Tagen wurde eine Verbindung von Mystik und Naturwissenschaft von Teilhard de Chardin gefunden, aber auch von anderen Ordensleuten, die heute die Stagnation in der katholischen Kirche zu überwinden suchen, wie Raimon Panikkar, Thomas Merton oder David Steindl-Rast, der heute in der Auseinandersetzung mit der modernen Physik nach gemeinsamen geistlichen Wegen sucht. Auf evangelischer Seite denken wir an Dag Hammarskjöld, den früheren Generalsekretär der Vereinten Nationen, der nicht nur ein unbestechlicher Politiker war, sondern auch einer der großen Mystiker dieses Jahrhunderts. Sein Buch »Zeichen am Weg« ist einer der Höhepunkte mystischen Nachdenkens in unserer Zeit, und es ist charakteristischerweise ein Buch, das in einem weitausgreifenden politischen Menschenleben als Tagebuch entstand. Wichtig ist auch Simone Weil, die, ohne sich als Christin zu bezeichnen, von ihrer unmittelbaren Begegnung mit Christus her die Konsequenz zog, als Arbeiterin in eine Fabrik zu gehen und dort an Entkräftung zu sterben. Mystik, sagt sie, ist soziale Aktion vom untersten Punkt aus.

M. K.: Und was würde es bedeuten, wenn die offizielle evangelische Theologie für die evangelische Kirche solche Mystik wiederfände?

J. Z.: Wenn Sie sich die Reihe dieser Namen, die sich leicht zehnmal so lang aufzählen ließe, vor Augen führen, dann sehen Sie nicht nur die größten Heiligen der katholischen Kirche, sondern auch wichtige Väter und Mütter in allen Konfessionen, und Sie werden staunen, was für ein Reichtum mit dieser mystischen Tradition in die christliche Geschichte hereingekommen ist, von dem die Christenheit bis heute zehrt. Die Mystik war in den zweitausend Jahren christlicher Geschichte immer wieder ein Ruf zur Sache, wenn die Kirche sich wieder einmal auf politischen Abwegen befand, eine Rückkehr zum Evangelium, das ein Evangelium für die Armen gewesen war. Ein Ruf zur Umkehr und Verinnerlichung. Fast alle Reformbewegungen in der Geschichte der Kirche kamen aus dem Geist der Mystik. Die Theologie würde reicher, wenn sie das wiederfände.

M. K.: Aber die Mystiker waren doch immer auch gerade die Opposition in der Kirche.

J. Z.: Richtig. Viele der genannten Gestalten der Kirchengeschichte wurden nicht wegen ihrer geistlichen Erkenntnisse verfolgt, sondern, wie gesagt, unter anderem deshalb, weil sie sozial engagiert waren und in Widerspruch traten zu ihrer Kirche mit ihrer Anpassung an die Interessen von Staaten oder Fürsten. Der ganze linke Flügel der Reformation war zugleich von mystischem Geist und von sozialem Willen erfüllt und wurde alsbald von den Fürsten niedergetreten. Zugleich riefen die Mystiker auf zu einer Reformation der Kirche an Haupt und Gliedern, zu einer Neufassung ihrer Lehre und zu einer geistlichen Interpretation des Dogmas. Unzählige, die später zu Heiligen oder Kirchenlehrern erhoben wurden, hatten unter Verfolgung zu leiden bis hin zum Scheiterhaufen. Teresa von Avila stand zeitlebens im Streit mit ihrer Kirche, Johannes vom Kreuz verbrachte Jahre im Gefängnis der Inquisition. Margareta Porete wurde verbrannt, Madame de Guyon verlebte Jahre in der Bastille. Jakob Böhme wurde von seinem Pfarrer verhöhnt, lächerlich gemacht und mit Schreibverbot belegt. Viele wie Friedrich von Spee oder Meister Eckehardt entgingen der Verurteilung nur dadurch, daß sie vor dem Urteil starben. Luther lebte am Beginn seiner Reformation im kirchlichen Bann und in der politischen Acht.

Dabei rücken auch die beiden Pole christlichen Glaubens, nämlich die prophetische und die mystische Färbung, dicht ineinander. Oft wurzelt das prophetische Bewußtsein in der mystischen Erfahrung. Und die mystische Einsicht führt zum prophetischen Angriff auf das Bestehende.

M. K.: Sie haben gesagt, in unserer Zeit geschehe eine Wiederentdeckung der Mystik. Wo sehen Sie so etwas? Auf welchen Gebieten? Unter welchen Menschen?

J. Z.: Ich will ein paar Beispiele nennen. Die europäische buddhistische Union hat heute ca. 300 000 Anhänger in Deutschland. Unzählige bemühen sich um Zen-Meditation. In Hannover steht ein vietnamesisches Kloster, in Düsseldorf ein Tempel. Unzählige echte und unechte Gurus sammeln Massen um sich, die sich danach sehnen, zu erwachen und Erleuchtung zu empfangen. Jedes Volkshochschulprogramm bietet Meditationskurse aller Art an. Unzählige Workshops versprechen dem Interessenten, er werde schnell durch alle Mauern der Verblendung brechen. Und auch wenn der Import östlicher Frömmigkeit sich im Westen in aller Regel als Verfälschung des Originals durchzusetzen pflegt, so weist die Massensehnsucht heutiger Menschen nach Gelassenheit eben doch auf eine leere Stelle im christlichen Glauben hin.

Nehmen wir an, daß in Deutschland ca. 15 Millionen Menschen sich ernsthaft an ihre Kirche binden. Es werden ebenso viele, nämlich ca. 15 Millionen, sein, die von irgendeiner Variante östlicher Frömmigkeit angezogen sind. Wenn diese Sachverhalte von uns Christen nicht eine gründliche Besinnung auf unseren eigenen Glauben und unsere eigene Praxis verlangen, dann weiß ich nicht, was uns noch in Bewegung bringen sollte. Und vielleicht bemerken wir dabei, daß uns die Gedanken der christlichen Mystik heute viel näher sind als noch unseren Großeltern. Fragen wir also, was wir aus unserer eigenen Geschichte und aus der biblischen Überlieferung an mystischem Gedankengut vergessen oder verloren haben.

M. K.: Sie sagten, es gebe bei Jesus eine Reich-Gottes-Mystik. Was kann man sich darunter vorstellen?

J. Z.: Das Schlüsselwort Jesu ist ja das »Reich Gottes«, das heißt die mächtige Gegenwart und Autorität Gottes. Wo aber ist dieses Gottesreich? Es ist »in euch«, sagt Jesus. Wo entsteht es? Es entsteht dort, wo ihr Gott begegnet. Das kann erstens in euch selbst geschehen. Es kann zweitens geschehen, wo ihr anderen Menschen, in denen ich, Christus, gegenwärtig bin, begegnet. Und es entsteht drittens vor euren Augen in der Zukunft, auf die ihr zugeht. Auf diesen drei Wegen. Für uns ist im Augenblick der erste wichtig. Wo entsteht das Reich Gottes? Antwort: in euch selbst.

Jesus erzählt seine bekannten Gleichnisse vom Reich Gottes. Sie haben immer dieselbe Aussage. Der Gedanke ist der: Da ist ein Acker. In den fällt ein Korn. Das Korn fällt auf den Weg und vertrocknet. Oder es fällt auf steinigen Boden und verkümmert. Es fällt unter die Dornen und erstickt. Oder es fällt auf gute Erde, wächst auf und bringt Frucht. Der schlechte oder der gute Boden ist der Mensch selbst. Der Acker ist die Seele des einzelnen Menschen, der angesprochen wird. Die Erde bist du, sagt Jesus. Der Same ist das Wort, das Gott spricht. Nun nimm auf, was gesagt wird. Laß es in dir wachsen. So wird das Reich wachsen und reifen. Heute könnte einer sagen: »Was ist das, das Reich Gottes? Ich kann mir beim besten Willen nichts darunter vorstellen.« Aber wir können das Wort »Reich«, mit dem heute ohnedies fast nur noch Mißverständnisse anzurichten sind, weglassen, unmittelbarer reden und sagen: Das Reich ist Gottes Gegenwart in mir. Ich höre Jesus also etwa so: Wenn du Gott finden willst, dann geh in dich selbst. Steige die lange Wendeltreppe ab, Runde um Runde, bis du in dir selbst bist. Du wirst merken, wie weit dieser Weg ist. Aber dann wirst du auf dem Grunde nicht nur dir selbst begegnen. Du wirst erkennen, daß da unten in dir Gott selbst spricht. Das ist ein grundsätzlich mystischer Gedanke.

Jesus erzählt von dem Mann, der in dem Acker, auf dem er arbeitete, einen Schatz fand. Er verkaufte alles, was er hatte, und kaufte den Acker, um in den Besitz des Schatzes zu kommen. Das heißt doch: Mach dir dich selbst zu eigen. Wolle diesen Acker. Du wirst in ihm, das heißt in dir selbst, Gott finden. Setze also dein ganzes Herz ein für das, was in dir selbst größer ist als du.

Was größer ist in deinem Geist als dein Geist. Was größer ist in deiner Seele als deine Seele selbst. Denn der Gott, den du dort suchst, bist nicht du selbst, wie man heute gerne behauptet. Das wäre ein schrecklicher Irrtum. Er ist derselbe, der im fernsten Stern ist und in allem, was du wahrnimmst. Die Wahrheit deiner eigenen Seele ist zugleich die Wahrheit der Welt. Und Gott ist in beidem. Er ist unendlich größer als beides. Er ist der nahe Gott in dir. Du aber bist ein Ort Gottes, eine Wohnung Gottes. Und mehr als ein Ort Gottes kann kein Mensch auf dieser Erde werden oder sein wollen.

Wie gesagt, das ist bei Jesus nur eine von drei Richtungen, in denen wir die Gegenwart Gottes suchen sollen. Die zweite ist die soziale Begegnung, die Begegnung mit Menschen und Nöten und Problemen. Die dritte ist die Zukunft, auf die wir zugehen, die Vollendung der Welt. Aber der Anfang liegt in einem deutlich mystischen Weg des Menschen zu Gott auf dem Wege zu sich selbst.

M. K.: Sie sprachen noch von vielen anderen Formen der Mystik. Bei Paulus, sagten Sie, gebe es eine Christusmystik, bei Johannes eine Geistmystik, im Kolosserbrief eine kosmische Mystik. Können Sie das ebenso kurz darstellen?

J. Z.: Paulus unterscheidet sich von Jesus darin, daß für ihn an die Stelle, an der für Jesus das Gottesreich, die Gottesnähe stand, Christus tritt. Er hat also keine Gottesmystik, sondern eine Christusmystik. Er sagt: »Ich lebe, aber nun nicht ich, sondern Christus lebt in mir.« Er sagt umgekehrt: »Ist jemand in Christus, so ist er ein neues Geschöpf. Das Alte ist vergangen, alles ist neu geworden.« Oder: »Es gibt keine Verdammnis für die, die in Christus sind.« Oder: »Wenn aber Christus in euch ist ...« Oder: »Wenn er nicht in euch wohnt ...« Oder: »Ihr seid aus Gott, und ihr seid in Christus« (1. Kor. 1,30).

Dieses Sein in Christus äußert sich nun aber als ein reales Miterleben des Sterbens und Auferstehens. Wir sind in ihm und mit ihm auferstanden. So sind wir alle mit ihm und untereinander ein Leib, das heißt eine spirituelle Gesamtpersönlichkeit. »Bei uns«, sagt Paulus, »ist nicht Jude oder Grieche, nicht Mann oder Frau, ihr alle seid vielmehr ein Leib, und ihr seid miteinander in Christus.« Dadurch also, daß wir »in Christus« sind, sind wir sein Leib, das heißt die sichtbare Person des Christus in dieser Welt. Und daran, daß wir das sind, hängt unser Heil. Dies alles sind grundsätzlich mystische Gedanken, aber das ist in unserer Theologie immer wieder vergessen worden. »Merkt ihr denn gar nicht«, fragt Paulus die Korinther, »daß Christus in euch ist?« Oder er ruft den Galatern zu: »Darauf kommt es mir doch an, daß Christus in euch Gestalt gewinnt.« Das »wir sind in Christus« und »Christus ist in uns« ist kein Widerspruch, sondern eine für alle Mystik typische komplementäre Aussage zum selben Sachverhalt.

Ich will auch das mit dem Kolosserbrief und seiner kosmischen Mystik noch andeuten. Das ist ein Gedanke, der in unserer Verkündigung ganz und gar verlorengegangen ist und der heute wieder neu gefunden werden muß: der Gedanke des kosmischen Christus. Kolosser 1 lesen wir:

»Christus ist das Bild Gottes,
und wir sind geprägt nach seinem Bild.
Er ist das Grundmuster, das der Welt zugrunde liegt.
In ihm liegt das Geheimnis der Schöpfung.
Alles entstand aus seinem Geist,
was im Himmel und auf Erden ist,
die Welten der Sterne
und unsere kleine irdische Welt,
das Sichtbare und das Unsichtbare,
auch alle Mächte und Kräfte der Natur,
alle Stoffe und Elemente,
alle Ordnungen und Gesetze.
Es entstand alles aus seiner Kraft,
und ist alles auf seine Gestalt hin entworfen.
Er steht am Anfang von allem,
und alles hat sein Ziel in ihm.

Es versinkt alles ins Nichts,
wenn er seine Hand zurückzieht.
Er ist das Herz der Welt.
Setzt dieses Herz aus, so stirbt die Welt.
Durch ihn findet das All zurück in Gott;
was im Himmel und auf Erden ist,
findet den Frieden, den Frieden mit Gott
und den Frieden mit allen Geschöpfen.«

Der Kolosserbrief sagt also: Christus, in dem wir sind und der in uns ist, ist zugleich Anfang und Ziel der Welt. Der Anfang der Welt und was vor dem Anfang war, das Ende der Welt und was nach ihm sein wird, aber vor allem auch, was zwischen Anfang und Ende geschieht, was sich entwickelt, wird uns in Christus deutbar. Wir könnten also geradezu sagen: Christus ist die Evolution. Wenn Teilhard de Chardin solche Gedanken ausgesprochen hat, dann war er mitten in diesen Gedanken des Kolosserbriefs. Er war der erste Wissenschaftler, der die Christusmystik des Paulus mit der Entwicklungslehre in Verbindung gebracht hat; er war der erste, obwohl schon Paulus diesen Gedanken deutlich ausspricht.

Wer aber ist dieser kosmische Christus? In ihm rücken das Bild Gottes und das Bild des Menschen ineinander. Er ist, würden wir heute sagen, der Archetypus unserer Einheit mit der Welt und mit der Geschichte und mit dem Gott, der in allem wirkt. Das ist ein mystischer Gedanke, und er ist etwas vom Wichtigsten, das die Kirche in absehbarer Zukunft neu finden muß.

M. K.: Was bedeutet das, was Sie im Neuen Testament aufzeigen und was wir wieder entdecken sollen, für das Ganze der Theologie? Zum Beispiel für unsere Vorstellungen von Gott?
J. Z.: Vielleicht fällt Ihnen, wenn ich von Gott rede, etwas auf: Ich habe vorhin objektiv geredet: Ich habe gesagt: Gott ist Person. Das ist uns Christen selbstverständlich. Danach aber habe ich gesagt: Ich erfahre Gott aber auch anders. Ich rede plötzlich als

einzelner und sage: Das gilt so für mich. Und in der Tat, es gibt eine Erfahrung Gottes, die einer nur für sich selbst formulieren kann. Und sie liegt sehr in der Nähe dessen, was Mystiker aller Jahrhunderte gesagt haben, jeweils nur für sich selbst.

Und so widersprechen sich die Gedanken gerade der nachdenklichsten Menschen fundamental, wenn es ihnen um Gott geht, und stimmen doch zusammen. »Wissendes Nichtwissen« nennt Nikolaus von Cues, der Denker des 15. Jahrhunderts, unsere Kenntnis von Gott. Er sprach von der »coincidentia oppositorum«, vom Ineinanderfallen aller Gegensätze in Gott, von der Einheit alles dessen, was uns Menschen unvereinbar scheint. »Gott ist«, sagt Nikolaus von Cues, »nur sich selbst bekannt.« Wie also können wir Menschen uns anmaßen, zu behaupten, unser Glaube, unsere Überzeugungen, unsere Dogmen, unsere Deutungen seien die alleinige Wahrheit? Dennoch hören wir von Jesus Christus, Gott sei zugleich Nähe und Gegenwart, er sei meinem Vertrauen erreichbar, er sei Ursprung, Ziel und Vollendung meines Menschenweges.

Wenn wir versuchen, über Gott und die Welt gleichzeitig nachzudenken, über ihre Differenz und ihren Zusammenhang, wird uns Nikolaus von Cues gerade heute wichtig sein. Ich vermute, er wird die Gedanken der Christen künftig wieder ungleich stärker bewegen als in den vergangenen Jahrhunderten, als man von den sensiblen Zusammenhängen zwischen Gott und Welt und menschlicher Seele so ungleich weniger wußte als in der Zeit des späten Mittelalters.

Nikolaus von Cues sagt: »Gott ist ebenso das Größte, wie er das Kleinste ist. Er ist zugleich das Zentrum und die Peripherie. Er ist ebenso Vergangenheit wie Zukunft, ebenso Licht wie Finsternis. Er ist die pralle Wirklichkeit ebenso wie das abgründige Nichts.«

Indem Gott aus sich heraustritt und sich in der Schöpfung manifestiert, treten für unsere Augen und unseren Geist die Gegensätze auseinander. In der Schöpfung erkennen wir Gott durch das Medium von Gegensätzen. Er selbst aber bleibt allen Gegensätzen voraus. Er ist ihre innere Einheit und Ganzheit.

So ist Gott der Eine in der unzählbaren Menge der Geschöpfe, der Dinge und der Wesen, er ist der Unendliche im Endlichen. Er ist gegenwärtig und doch für uns Menschen »jenseitig«. Er umfaßt und durchdringt in seiner Liebe, was uns vordergründig zu widersprechen scheint. Ich erkenne also eine Welt, die in Kräfte und Mächte, in Licht und Finsternis, in Gut und Böse, in Groß und Klein gespalten erscheint. Ich weiß aber zugleich, daß dies die Weise ist, in der ich, der Mensch, aufgrund der Begrenztheit meines Verstandes, die Welt sehen muß. Könnte ich die Wahrheit schauen, so sähe ich eine einzige, in sich ungespaltene, vollkommene Welt in dem einen, ungespaltenen Gott.

Ich mache auf diese Weise nicht die Welt zu Gott, wie es Giordano Bruno oder Spinoza getan haben im Sinne eines strengen Pantheismus. Gott und Welt sind zweierlei Dinge. Ich füge aber andererseits nichts zu Gott hinzu, als wäre die Welt getrennt von Gott. Sie war von Anfang an in ihm.

Gott ist also in allen Dingen, und er ist zugleich die Person, die allen Dingen voraus ist, ihnen allen gegenübersteht, auch uns Menschen, die angeredet werden kann und zu uns spricht. Die Physik spricht wie gesagt bei solchen Gegensätzen von Komplementarität, das heißt von einem Gegensatz, der nicht eigentlich nur ein Gegensatz ist, sondern in dem das eine des anderen bedarf, damit beide Gegensätze zusammen das Ganze aussagen.

Ich sagte schon: In der Neuzeit stand der Mensch souverän der Natur gegenüber: als der Beobachter der Natur, der selbst nicht zur Natur gehört, sondern in einem eigenen geistigen Reich lebt. Und als der einsame Beherrscher der Natur, der ihr unendlich überlegen ist. Dieses Außerhalb der Natur, das der Mensch bewohnt, ist uns gründlich verlorengegangen.

Entsprechend der Neuzeit dachte man auch im Protestantismus: Gott steht einsam seiner Welt gegenüber als der Herr. Er steht auch den Menschen gegenüber im Abstand, im unendlichen qualitativen Unterschied, und der Mensch steht Gott gegenüber als das einzige Wesen, das ihm antworten kann. Heute suchen unzählige Naturwissenschaftler, die Christen sind, nach dem Gott, der in allem ist. Sie sprechen davon, im Grunde sei die ganze Wirklichkeit Geist, Bewußtsein, und es sei kein Unterschied zwischen dem Bewußtsein, das in einem Molekül wirksam ist, in einer pflanzlichen Zelle oder im Gehirn eines Menschen. Und bis in alle Sterne sei alles durchwirkt von einem großen Bewußtsein. Und sie kommen damit sehr nahe an alles, was die Mystik der christlichen Geschichte je über Gott gesagt hat.

Die Zeiten sind vorbei, in denen man immer wieder nach dem besonderen Ort suchte, an dem Gott noch sein könne. Gott war für die ganze Neuzeit immer an irgendwelchen Orten, an die das menschliche Wissen noch nicht gelangt war. Und als allmählich die Orte ausgingen, an denen Gott noch gedacht werden konnte, da griff der moderne Atheismus Platz. Feuerbach konnte den christlichen Glauben nur deshalb so gründlich entlarven als eine Projektion des Menschen, weil der Gott der Christen nur noch Person war und ganz und gar nicht mehr das Geheimnis, das in allem ist.

Wir stehen also vor der Aufgabe, neu zu beschreiben, was wir meinen, wenn wir Gott sagen. Und ich denke, es haben sich in den letzten Jahrzehnten die Gesichtspunkte deutlich gezeigt, die dabei zu beachten sind.

M. K.: Wie wird sich diese Wiederentdeckung der Mystik an den Kirchen auswirken? Das muß doch sehr tiefgehende Änderungen mit sich bringen.

J. Z.: Die Wiederentdeckung der mystischen Dimension im Christentum ist ein Teil jener Umgestaltung, die das Christentum zum Anfang des neuen Jahrtausends vor sich sehen muß. Sie ist ein Teil jener universellen Veränderungen, die sich in allen Wissenschaften und auf allen Lebensgebieten deutlich abzeichnen. Ich will einige Punkte nennen, an denen diese Veränderung geschehen muß.

Erstens: In der Sicht der Mystik steht der Mensch nicht nur als ein Ich dem Du Gottes gegenüber, er ist vielmehr umgeben von dem Meer, das Gott ist, und ist selbst Teil dieses Meeres. Unsere persönliche Erfahrung und das Anknüpfen an das Wort der Heiligen Schrift gehören darum zusammen. Das Gebet, das sich in Worten ergeht, weil es sich an ein Du wendet, und das Gebet ohne Worte im Sinne des Einwohnens in Gott ergänzen einander.

Zweitens: Wahrheit muß wieder etwas werden, das dem Denken und dem Erfahren zugleich zugänglich ist. Vertrauen wir unserer Erfahrung? Haben wir Erfahrungen gemacht, die uns von Gott etwas gesagt haben? Und hat unser Glaube mit diesen Erfahrungen etwas zu tun? Wir werden, wenn wir christlichen Glauben bezeugen wollen, ein neues Vertrauen zu unseren eigenen Erfahrungen gewinnen müssen.

Drittens: Glauben wir wirklich, daß uns der Geist Gottes gegeben ist? Und wie drückt es sich aus, daß wir Träger des Geistes sind? Macht uns das frei von Autoritäten im Staat oder in der Kirche? Drückt es sich aus in der Unabhängigkeit unseres Glaubens?

Viertens: Sehen wir in der Kirche nur die Organisation, die Bischöfe und die Pfarrer, oder hat der Gedanke vom geistigen Leib des Christus, der wir miteinander sind, noch Bedeutung für uns?

M. K.: Meinen Sie nicht, daß Sie von Theologen, vielleicht von Ihrer ganzen Kirche, dafür eine Menge Widerspruch ernten werden? Das widerspricht doch so ungefähr der gesamten Lehre der evangelischen Kirche?

J. Z.: Das fürchte ich eigentlich nicht. So sicher ist man sich unter Theologen über die bindende Gültigkeit der bisherigen Vorstellungen nun auch wieder nicht. Im Gegenteil, es gibt auch sonst durchaus parallele Entwicklungen. Und wenn schon: Daß einer den Widerstand seiner Zunft erfuhr, war mir noch nie ein Beweis dafür, daß er auf dem falschen Wagen saß.

7
Die Tragödie der Zerstörung

M. K.: Sie sind schon Anfang der sechziger Jahre hervorgetreten als einer der ersten Mahner in Umweltfragen. Wann haben Sie eigentlich dieses Problem entdeckt, das ja heute im allgemeinen Bewußtsein präsent ist?

J. Z.: Da müßte ich bis in meine Kindheit zurückgehen. Ich habe schon davon gesprochen, daß ich als kleines Kind beide Eltern verloren habe. Dabei habe ich den Verlust des Vaters leichter verschmerzt als den der Mutter. Als ich mit sieben oder acht Jahren anfing, allein auf den Heidehängen und in den Tälern der Ulmer Alb zu stromern, da wurde die Erde wichtig für mich. Ich lag auf einem der wunderbaren sommerlichen Heidehänge, während die Schafe an einem Brunnen weideten, auf der warmen Erde und hatte das Gefühl: Das ist eigentlich meine Mutter! Diese Erde, dieses Gras, diese Musik der Grillen, das ist meine Mutter. Und ich habe sie gestreichelt. Und wenn die Grillen aus den Löchern kamen, habe ich auch sie in die Hand genommen und gestreichelt. Sie kamen von der Mutter. Und wenn ich später, mit zehn oder zwölf, lange Wanderungen unternahm in die schönen, unberührten Täler mit ihren Quelltöpfen, ihren Bächen und Buchen und Felsen und Höhlen, dann hatte ich das Gefühl, hier eigentlich sei ich zu Hause. Ich habe mit allem geredet, was es hier gab. Ich habe mit den Steinzeitmenschen in den Höhlen geredet, mit den Bäumen und mit den Steinen und fühlte mich mit all dem verwandt. Und als einmal durch eines der Waldtäler eine neue Straße gebaut wurde, da ging mir plötzlich auf: Das geht doch nicht! Man kann doch nicht so viele Bäume umbringen wegen einer Straße! Man kann doch nicht den Lauf eines lebendigen Bachs zerstören nur wegen einer Straße! Und man kann doch diese herrlichen Felsen nicht wegsprengen, nur weil da eine Straße sein soll! Das war keine romantische Naturschwärmerei, sondern das Bewußtsein: Die Erde ist doch unsere Mutter! So kann man doch nicht mit der Mutter umgehen! Und da wurden mir auch die vielen Kalkwerke in jenen Albtälern plötzlich zu großen Störungen. Man kann doch nicht einen ganzen Waldhang in einen Steinbruch verwandeln und danach die Bäume der Umgebung mit weißen Rauchschwaden zudecken. Was hat diese Erde alles von uns Menschen zu erleiden! Wie zerstörerisch und wie gedankenlos ist das alles!

Später kam natürlich die große Zerstörungsorgie »Krieg« hinzu, als wir mit beispielloser Gewalttätigkeit über Europa hinweggefegt sind und alles zusammengeschossen haben, was da sein und leben wollte. Auch alles, was da Natur war. Ich hatte damals den Eindruck, es gebe niemand, der das so sieht wie ich. Von meinen Kameraden wurde ich an diesem Punkt immer für einen Spinner gehalten, wenn mir zum Beispiel die Panzerspuren, die wir über die Äcker und Wiesen Europas zogen, einfach zu viel wurden. Ich habe danach lange darüber geschwiegen, in der Meinung, das sei für andere Menschen überhaupt kein Thema. Auch nicht für meine Pfarrerkollegen und die christlichen Gemeinden, zu denen ich später zu reden hatte. Es galt als Romantik, und Romantik hatte man sich als Theologe aus dem Kopf zu schlagen.

Im Jahre '65 habe ich dann erstmals zwei Filme im Fernsehen gebracht mit den Titeln: »Das Leiden der Natur« und »Zukunft für die Erde«. Das Echo war gleich null. Es hat keine Menschenseele interessiert. Im Funkhaus des Süddeutschen Rundfunks fand man, dies sei kein Thema, mit dem man sich beschäftigen könne. Die Leute in meiner Kirchenleitung kritisierten, das sei kein Thema der Theologie, ich solle es der Politik und der Wirtschaft überlassen. Ich sah aber ganz im Gegenteil, daß man die Zerstörung der Erde eben nicht denen überlassen dürfe, die sie bewirken und die an ihr verdienen. Immerhin haben die Christen ein Glaubensbekenntnis, in dem es heißt: »Ich glaube an Gott, den Vater, den Allmächtigen, Schöpfer des Himmels und der Erde.« Und das heißt doch: Die Erde gehört Gott und nicht dem Menschen. Wir sind vielmehr selbst ein Teil dieser Schöpfung, wir können also nicht die aus dem Zusammenhang heraustretende Rolle des großen Zerstörers spielen wollen. Man hat mir damals sehr übelgenommen, daß ich mich den Grünen schon vom ersten Tag ihrer Gründung an angeschlossen habe. Man griff mich damals an, als die Grünen in Württemberg zum ersten Mal in den Landtag kamen, weil ich ihnen mit meiner Stellungnahme im Fernsehen zum Durchbruch verholfen hätte. »Sie sind schuld!« fuhr mich damals der SPD-Politiker Apel an. Ich habe mich später in der grünen Politik wenig beteiligt, weil sie alsbald in den Strudel der ausgehenden 68er-Revolution geriet, die ihrerseits mit Umweltpolitik weniger am Hut hatte als mit dem Umsturz der Gesellschaft.

M. K.: Wie haben Sie damals den Aufbruch der Grünen erlebt?
J. Z.: Ich empfand ihn als eine Befreiung. Fünfzehn Jahre lang hatte ich, auf mich allein gestellt, mit Fernsehfilmen, Vorträgen und Aufsätzen versucht, die Menschen unseres Landes für den Gedanken eines veränderten Umgangs mit der Umwelt zu gewinnen, da saß eines Tages, es war 1979, Wolf-Dieter Hasenclever bei mir und erzählte von Leuten, die mit Hilfe einer neuen Partei, den »Grünen«, in die Politik einsteigen wollten. Endlich!

Der Gedanke war faszinierend. Endlich nicht mehr nur reden! Endlich reale, *wirkliche* Politik! Endlich eine Partei anderer Art! Nicht eine, in der alles seit Urgroßvaters Zeiten festgezurrt war, alles geklärt und ins Programm eingefroren, in der das Nachdenken sein belangloses Sonderleben führte neben einer langweiligen Altherrenpolitik. Da begab man sich auf einen neuen Weg, der erst noch gefunden werden mußte, der noch auf keiner politischen Landkarte verzeichnet war, der aber begehbar werden sollte, indem man ihn ging, neben den üblichen Wegen oder quer zu ihnen.

Eine freundliche Partei sollte es werden, eine Partei mit menschlichem Gesicht, die den Raubtieren, den Adlern, Geiern und Löwen, die sonst als politische Leitfiguren dienen, eine Sonnenblume entgegensetzte. Eine ehrliche, selbstkritische, in der Phantasie und Humor an die Stelle steinerner Phrasen trat. In der endlich – Gott sei Dank! – Ernst gemacht wurde mit Abrüstung und gewaltloser Politik, in der der Wille der Basis das Primäre und Bestimmende war und die kleine, aktive Zelle die eigentliche Substanz. Eine Partei ohne interne Herrschaftsstrukturen, gebaut auf das Gespräch aller mit allen. Wunderbar!

Die ersten Versammlungen hatten etwas verwirrend Kreatives, nicht ohne daß der fast Sechzigjährige sich gelegentlich wie sein eigener Opa fühlte. Ein liebenswerter Haufe von Träumern und Schwärmern, so schien es gelegentlich. Aber unvergleichlich lieber ist mir allemal der Schwärmer als der klassische Betonkopf.

M. K.: Warum wurde diese Vision so wenig verwirklicht?

J. Z.: Ich will es an ein paar herausgegriffenen Leitgedanken zeigen. Nach den Erfahrungen der Studentenrevolte stand in der headline: gewaltlos. Nur: Wie soll Gewaltlosigkeit gelingen, wenn sie in einer Zivilisation Platz finden soll, die in tausend Jahren noch kaum je eine nennenswerte Denkbemühung an eine solche Vorstellung gewendet hat? Einschließlich der Kirche, deren ureigenstes Thema dies doch eigentlich hätte sein sollen! Gegen schwere Gewalt braucht man eben die weniger schwere, die Gewalt der Schwachen. Man brauchte nur zur Startbahn in Frankfurt zu gehen oder nach Brokdorf, schon waren die Verbündeten die Gewalttäter, oder man griff selbst zur kriegführenden Sprache oder zum handlichen Stein und tauchte in der Grauzone zwischen Gewalt und Nichtgewalt unter, während der Mitbürger in der Polizeiuniform vom Menschen zum gesichtslosen »Bullen« mutierte. Man wurde, ohne es zu merken, zum kleinen Bruder des großen Bruders, bereit wie dieser zu allerlei Formen reagierender Gewalt. Dabei waren die jungen Leute, die in ihrer Verzweiflung zum Stein griffen, noch um Welten näher an den Weisungen der Bergpredigt als unsere christlichen Parteien, auf jeden Fall unablässig befaßt mit dem Problem, wie Gewaltlosigkeit, das eigentlich Gemeinte, denn auszusehen habe. Nur: Damals hatte die Friedensbewegung auf dem Weg zu immer weniger von Gewalt bestimmten Demonstrationsformen schon eine gute Strecke hinter sich, und es gab durchaus Erfahrungen, die hätten helfen können, die noch offene Diskussion über die Gewaltlosigkeit bei den Grünen voranzubringen.

»Die Politik mit dem menschlichen Gesicht.« Es war hinreißend neu: politische Versammlungen, in denen die jungen Frauen strickend parlierten, während die Väter ihre kleinen Kinder im Arm wiegten und die Müslitheke an die Stelle des Wirtshausbratens trat. In denen man vier Stunden über eine Sache sprach, die in dreißig Minuten hätte erledigt werden können, weil das Gespräch ebenso wichtig war wie sein Ergebnis.

M. K.: Aber das hielt nicht lange vor.

J. Z.: Es dauerte nicht lang, da zog eine seltsame Verbissenheit ein. Wer die sechziger Jahre mitgemacht hatte, sah es mit Sorge: Sollte da der frustrierte Rest der 68er-Bewegung Einzug halten? Sollte da das offene Gespräch absterben an den Tricks ausgedienter Studentenkader, die über die Unerfahrenheit der jungen Grünen und die Toleranz älterer Bürger hinweg die Macht suchten?

Es war zuweilen qualvoll, an den Versammlungen der späteren Jahre teilzunehmen und zu wissen, daß man in diese Wirrnis von Wünschen und Ängsten, Phantasien und Plänen, Widerständen und Widersprüchen und nicht ausgesprochenen Strategiekonzepten mit keinem noch so behutsamen Wort würde eindringen können. Aber was sich so widersprüchlich gab, spiegelte eben die seelische Verfassung der Beteiligten. Viele gerade der Zwanzig- bis Dreißigjährigen waren bei allem Drang zu einer neuen Politik schon seltsam müde und bedurften handlicher Parolen, statt ihrer Vitalität zu vertrauen, ihrem Zukunftshunger und ihren Lebenschancen. In die Nischen der Mattigkeit hat sich von jeher die Ideologie eingenistet, Folge der Verzweiflung ebenso wie Vehikel zum Tode. Das vordergründige Bild, hier schlage ein dringend therapiebedürftiges Fähnlein pubertärer Aufständler wahllos um sich, war häufig sehr falsch. Es war meist mehr ein Zeichen der Resignation, die dann um sich greift, wenn eines der täglichen Katastrophenbilder die so oder so hoffnungslose Zukunft zum Bewußtsein bringt. Hoffnungslosigkeit, die sich der Erhaltung der Schöpfung kaum mehr zu widmen wagt und in den zermürbenden Streit um die ideologische Richtung ausfranst. An die Stelle des zukunftsorientierten Willens trat der heimliche Verdacht und der offene Vorwurf gegen jeden, auch den nächsten Bundesgenossen.

Manches ist inzwischen klarer geworden, rationaler, weniger dynamisch freilich auch, weniger chaotisch, chancenreicher für die Praxis. Die jüngste Entwicklung gibt Hoffnung.

M. K.: Heute sind die Grünen auch für die etablierten Parteien koalitionsfähig. Warum hat das eigentlich so lange gedauert? Warum wurden die großen Chancen der ersten Zeit so hartnäckig versäumt?

J. Z.: Weil es weniger die Fakten waren, mit denen man sich auseinandersetzen mußte, als vielmehr die Umstrukturierung von Politik überhaupt. Ich will noch ein Beispiel nennen.

»Herrschaftsfreie Kommunikation«: Der Gedanke wurde nicht von den Grünen erfunden. Er begleitete die Arbeiterbewegung von ihrem Anfang an und wurde zum Kampfruf der sechziger Jahre, und vielleicht ist es erlaubt zu vermuten, daß gerade diese wichtige Vision seit langen Zeiten immer wieder die beflügelnde Kraft, aber eben auch Ursache des jeweiligen Mißerfolges gewesen ist. Man kann die Urgesetze, nach denen das Menschenleben sich abspielt, nicht mit einem Handgriff außer Kraft setzen. Es stimmt eben schon naturwissenschaftlich nicht, daß Machtausübung gegen die Natur sei, und es stimmt auch nicht, daß die Vernetzung gleichgewichtig Agierender ohne den Gebrauch von Macht auskomme. Der Gedanke überholt – vielleicht – den Entwicklungsstand des Menschengeschlechts um Jahrhunderte oder Jahrtausende.

M. K.: Aber daß der Gebrauch von Macht sich verändern muß, ist doch klar.

J. Z.: Ja. Möglich sind die Anfänge dazu. Nicht Verzicht auf

Macht, sondern breite Verteilung. Bürgernachfragen, Bürgerabstimmungen, Tribunale, Öffentlichmachen heimlichen Machtmißbrauchs, langsameres Entscheiden nach sorgfältigerer Prüfung des faktischen Machtgebrauchs durch viele. Das alles ist möglich, aber es ist kein Verzicht auf Macht.

Rückt man aber den ehrlichen Willen zum gemeinsamen Machtgebrauch in das unruhige Licht des Verdachts, hier wichen etliche vom ursprünglichen Willen der Partei ab, so ist der Streit programmiert, der die Grünen seit ihren Anfängen immer wieder blockiert hat. Man überwindet die politischen Feindbilder einer Epoche, sucht den Frieden und erlebt zugleich, wie im nächsten Kreis der Bundesgenossen die schrecklichsten Feindbilder, ob Fundis oder Realos, auftauchen. Aber wer, der vom Elend seiner Zeit ergriffen und von der Suche nach einem neuen Weg getrieben ist, hat den inneren Spielraum, die Mechanismen seines eigenen Verhaltens aufzuklären und sein eigenes, spontanes Wollen friedlich mit divergierenden Vorstellungen anderer zu koordinieren? Und wer in der Theoriediskussion hängen bleibt, statt konkrete Chancen zu ergreifen, weil er sich vor der Macht ekelt, wird eben nach kurzer Zeit an seiner eigenen Erfolglosigkeit krank.

Es ist auch zu bedenken, daß im Ekel vor der Macht immer auch die Angst dessen steckt, der irgendeiner Macht hoffnungslos ausgeliefert ist, speziell bei jungen Menschen, die es rundum mit Autoritäten oder machtausübenden Instanzen zu tun haben. Der junge Mensch ist der geborene Feind des Diktators, der gewalttätigen Vaterfigur. Darum verschwinden so viele junge Revolutionäre spurlos im feinen Anzug, sobald ihnen die Chance zuwächst, selbst Macht auszuüben. Wenn sie aber, wie es in der Frustration nach einem mißlungenen Aufstand leicht geschieht, den jugendlichen Protest langfristig festlegen, so entsteht das, was wir in den letzten Jahren in den Führungsgremien der Grünen vor allem auf Bundesebene bis zum Überdruß erleben haben: das unkontrollierte Messerstechen unter den Protagonisten. Der Staat aber, der doch einem Menschen, der an Demokratie glaubt, ein

Feld sein müßte, auf dem er fröhlich agiert, wird zum Feind, zur finsteren Gegenmacht, die es erst einmal, wie immer, vom Leben zum Tode zu bringen gilt.

M. K.: So gründlich meinten es die jungen Grünen doch wohl nicht!

J. Z.: Na ja. Es kam schon dann und wann kraß zum Vorschein. Aber noch ein anderer Leitbegriff aus der Anfangszeit: »Eine freundliche Partei«. Am Anfang stand eine außerordentlich wichtige Einsicht: Die Veränderung des Bewußtseins gelingt nicht durch Gewalt oder Zwang. Wer anders denken soll als bisher, muß Vertrauen haben zu dem, der ihm dies zumutet. Die Veränderung des Bewußtseins war einer der Kampfrufe der Studentenbewegung. Sie gelang nicht. Sie scheiterte an den Gewalttätigkeiten, an den Publikumsbeschimpfungen, an der Beleidigung derer, die sich hätten ändern sollen. Man wollte unter den Grünen gerade aus dem Scheitern der Studentenrevolte lernen. Man hatte erkannt: Man schafft die Polizei nicht dadurch ab, daß man sie beleidigt. Man führt einen Konzern nicht auf den Pfad der Tugend dadurch, daß man ihn »entlarvt«, sondern allenfalls durch andere Gesetze. Man verändert die Menschen nicht dadurch, daß man in Scherben schlägt, was ihnen kostbar ist. Veränderung von Bewußtsein gelingt nur, wo ein Mensch freiwillig dem zustimmt, was ihm ein anderer in freundlicher Stimmlage vermittelt.

Es gelang zum Beispiel nicht, die eingefressene Kirchenfeindschaft der Altreste der Studentenbewegung zu überwinden. So gab es pauschale Beschlüsse gegen die Kirchen und gegen das Christentum, und dies ohne Rücksicht auf die vielen Christen, die längst auf eine andere Struktur und Arbeitsweise der Kirchen hin unterwegs sind und zum Teil den Grünen nah verbunden. Was in 1000 Jahren geworden ist, zerschlägt man nicht in Bilderstürmermanier in einem kurzlebigen Tendenzbeschluß. Man braucht dazu mehr Fingerspitzengefühl, als auf einer eiligen Parteiversammlung zu aktivieren ist. Und immer wieder sind, gänzlich unnötigerweise, unzählige Menschen in unserem Land von ihrer Vorliebe für die Grünen kuriert worden.

M. K.: Warum gelang es denn in den vergangenen Jahren nicht, die Hunderttausende von jungen Christen, die auf Kirchentagen, vor Raketentoren oder sonstwo für den Frieden, die Gerechtigkeit und die Rettung der Schöpfung demonstrierten, für grüne Politik zu gewinnen?

J. Z.: Das wäre mit wenig Mühe möglich gewesen, hätte diese Partei ein weniger abstoßendes Bild gezeigt als das eines zerstrittenen, an die Winkelzüge einiger Funktionäre ausgelieferten Haufens und wäre ein wenig werbende Bemühung herübergekommen.

Die Grünen waren für viele ihrer Freunde und Mitglieder ein Wechselbad. Grund für viel zustimmende Dankbarkeit, für viel Ärger und viel unverdrossene Hoffnung. Für viel Trauer über immer und immer wieder verpaßte Chancen. Gleichwohl sehe ich noch immer keine Alternative zu ihnen, wie ich auch für meine Kirche, die immer einmal wieder, wie die Grünen, in mir den Wunsch weckt, ihr davonzulaufen, keine Alternative sehe. Und dies gilt vor allem im Südwesten, in Baden-Württemberg, wo die Demokratie ihre besonders glückliche Geschichte hat und wo sich auch bei den Grünen der Unsinn immer in tolerierbaren Grenzen gehalten hat.

Im ganzen: Ich sehe heute mit begrenzter Befriedigung die wachsende Politikfähigkeit dieser Partei und rede nicht mehr zu Umweltfragen. Wer heute wissen will, was in unserer Zeit auf diesem Felde geschieht an Verbrechen und an Torheiten, der kann es wissen.

M. K.: Sie haben zu Fragen des Umgangs mit der Schöpfung immer wieder auch im Fernsehen geredet. Gibt es eine bestimmte Sendung, die wir an dieser Stelle einfügen könnten?

J. Z.: Vielleicht das Wort zum Bußtag, das ich am 21. 11. 1979 im Fernsehen gebracht habe. Es lautete so:

»Guten Abend, meine Damen und Herren!
Ich weiß nicht, was Sie sich heute – am Bußtag – unter Buße vorstellen. Vielleicht ein deprimiertes Starren in den eigenen unübersichtlichen Seelenhaushalt? Vielleicht ein finsteres Bohren in der eigenen Bosheit? Zugegeben, da wäre manches zu tun. Aber Buße wäre es nicht.

Buße meint eine Umkehr der Blickrichtung. Das heißt: Sie schauen gerade nicht auf das hin, was Sie sind, sondern was Sie sein könnten. Sie wenden sich nach dem um, was Gott mit Ihnen gemeint hat. Und was hat Gott mit Ihnen und mir gemeint? Das ist das Thema.

Aber der Bußtag hatte von jeher nicht nur einen privaten, sondern auch einen politischen Sinn. Man fragte schon immer auch so: Läuft das öffentliche Leben in unserem Land richtig? Und wie muß es laufen, damit es richtig läuft? Politik. Wirtschaft. Gesetzgebung. Rechtsprechung. Soziale Fragen. Auf diesen Feldern hat man immer schon gefragt: Sind da Korrekturen nötig? Vielleicht gar eine Umkehr?

Ich will deshalb heute abend aus dem großen Vorrat an öffentlichen Problemen eines herausgreifen, das gleichermaßen von politischer wie religiöser Brisanz ist. Ich brauche es nicht weit herzuholen. Jeden Morgen haben wir es in der Zeitung vor uns. Das Thema Verwüstung unserer Welt. Das Thema Vergiftung und Ausbeutung unserer Erde. Das Thema also, ob unsere Enkel noch eine Welt antreffen werden, in der sie Lust haben, zu leben.

Im Grunde weiß jeder, daß es so nicht weitergeht. Und es geht doch weiter. Jeder weiß, daß unsere Erde endlich ist, daß dem Wachstum der Industrie, dem Verbrauch, der Anhäufung von Abfall Grenzen gesetzt sind. Aber alles redet unbekümmert weiter vom unendlichen Wachstum. Jeder wartet darauf, daß irgend etwas sich ändert, ehe es zu spät ist. Aber es ändert sich nicht viel.

Die Sache hat auch eine scharfe religiöse Spitze, und darum rede ich davon.

Die Christenheit kommt in jeder Gerneration mindestens einmal an einen Punkt, an dem sie nicht mehr hinnehmen darf, was geschieht. 1934 zum Beispiel, am Anfang der Hitlerherrschaft, erhoben wenigstens einige Leute der Kirche im Bekenntnis von Barmen ihre Stimme gegen den autoritäten Staat.

Heute geht es um etwas anderes. Wir haben ja ein Glaubensbekenntnis, in dem es heißt: Ich glaube an Gott, den Schöpfer der Welt. Das heißt auf deutsch: Ich glaube, daß diese Welt nicht uns Menschen gehört, sondern allen Geschöpfen Gottes gemeinsam. Wir haben sie nicht gemacht. Wir sind an unserem Teil verantwortlich für die Art, wie wir mit ihr umgehen.

Frage: Gilt uns dieser Glaubensartikel noch etwas? Gilt er uns nichts? Wenn er uns nichts mehr gilt, sollten wir ihn vergessen. Wenn er uns etwas gilt, müssen wir reden. Was meint dieser Glaube? Einmal: Wir Menschen sind nach der Bibel Geschöpfe Gottes wie alle anderen Lebewesen auch. Zum zweiten:

Wir sind anders als die übrigen Geschöpfe insofern, als Gott uns in seinen Garten gesetzt hat, damit wir ihn bauen und bewahren. Wir sind die, die sorgsam und nachdenklich mit den übrigen Geschöpfen umgehen sollen und können.

Wir sind also nach unserer Bestimmung nicht die Schießer, die umlegen, was ihnen vor die Flinte kommt, nicht die Ausbeuter, die an sich raffen, was sie bekommen können, nicht die kleinen Ausrotter, die nichts neben sich dulden können. Wir sind etwas ganz anderes: Wir sind die verantwortlichen Vertreter Gottes in dieser Welt.

Und wenn wir diese Würde ernst nähmen, diese Größe, die uns zugedacht ist, dann könnten wir mit anderen Lebewesen – und übrigens auch mit den Menschen – anders umgehen, als wir es tun.

Ist es denn so undenkbar, daß wir eines Tages Respekt aufbrächten einem fremden Lebensrecht gegenüber? Und sei es zum Beispiel nur dem Lebensrecht eines Schmetterlings gegenüber? Sagen: Du bist ein wunderbares Geschöpf Gottes. Wir sind für dich verantwortlich. Was können wir tun, daß du nicht an unserem Gift zugrunde gehst?

Ist es so undenkbar, daß wir einmal eine Handvoll Erde hernehmen und uns fragen: Was müssen wir tun, damit auf diesem Boden auch für unsere Enkel noch etwas wächst?

Ist es denn so undenkbar, daß wir einmal ein Tier um Verzeihung bitten für alle Gewalttat und Gemeinheit, die wir Menschen rund um die Erde seinesgleichen antun?

Wir könnten dann auch praktisch zu anderen Lösungen kommen. Wenn es gelänge umzudenken, könnten wir vielleicht doch Wege finden zwischen unseren Interessen und dem Lebensrecht anderer. Wir könnten unserer Phantasie etwas zutrauen und viele, sehr viele kleine Versuche unternehmen, ob es nicht vielleicht doch auch anders geht, als wir es gewöhnt sind.

Und damit könnten wir auch etwas tun, um uns Menschen selber zu helfen. Für mich als Pfarrer ist dieses Thema auch deshalb aktuell, weil sich die Verwüstung unserer Welt ja auch in der seelischen Landschaft unserer Zeitgenossen spiegelt. In der heimlichen Verzweiflung, in der irrationalen Angst, in der tödlichen Resignation von Millionen. Die zerstörte Landschaft ist ja auch in den Menschen selbst. Auch den eigenen Lebenskräften gegenüber spielt man die Rolle des Konsumenten und naiven Ausbeuters, statt mit ihnen sorgsam umzugehen. Und dann wundert man sich, daß man nicht glücklich wird, obwohl man alles hat. Man wundert sich, daß man keinen Sinn sieht, daß das Leben sich anfühlt wie eine kleine Sinnlosigkeit inmitten der großen Sinnlosigkeit der Welt. Unsere Welt ist immer auch innen in uns, und wenn sie verödet, veröden wir mit. Ein sorgsamerer Umgang mit ihr andererseits könnte heilend wirken auch auf uns selbst. Wir würden wacher. Wir könnten unsere Freiheit in Anspruch nehmen. Nachdenken. Prüfen. Konsequenzen ziehen.

Meine Damen und Herren, damit wir uns hier klar verstehen: Ich fordere hier nicht das schlechte Gewissen, sondern eine Umkehr. Denn es berührt mich eben wie ein kollektives schlechtes Gewissen, wenn ich heute dem Streit der Experten zuhöre. Dem unablässigen Hin und Her der Warnungen und der Beschwichtigungen, die uns an der Umkehr hindern.

Die einen zeigen uns, wie kurz es noch sei, bis die Welt zugrunde geht. Die anderen wiederholen, so oft wir es hören wollen: Es ist alles nicht so schlimm. Die einen zeigen die Sackgassen. Die anderen sagen: Es gibt keinen anderen Weg.

Ich sehe das mit Sorge. Denn das Vertrauen im Land schwindet beängstigend. Das Vertrauen in die Verantwortlichen. Das Vertrauen in die Wissenschaft und die Glaubwürdigkeit von Prognosen. Man hat das Gefühl, daß die Eingeweihten mehr wissen, als sie sagen, und die öffentliche Diskussion überwiegend aus Beschwichtigungen besteht.

Und wenn wieder ein Experte sich hinstellt und kundtut, es gehe ja gar nicht anders, dann hat schon niemand mehr Lust, irgend etwas zu tun. Wenn es denn nicht anders geht, wenn das Unheil vorgezeichnet ist, dann laßt uns das tun, was schon die Bibel beschreibt: Laßt uns essen und trinken, denn morgen sind wir tot. Laßt uns essen und trinken und verbrauchen und wegwerfen und zerstören und ausbeuten. Nach uns die Sintflut. Laßt uns weiterlaufen, immer in die gleiche Richtung. Morgen schnappt die Falle ja doch zu. Höchstens fragt sich der eine oder andere ein wenig beklommen, ob er das, was heute geschieht, vor seinen Kindern verantworten kann. Ob da nicht doch endlich so etwas wie eine Umkehr nötig sei.

Noch einmal, meine Damen und Herren: Die Welt ist die Welt Gottes und nicht das Verbrauchsmaterial des Menschen. Sie ist als ein Garten geschaffen und nicht zur Müllhalde bestimmt. Sie ist eine Heimat unendlich vieler Lebewesen und nicht nur die Rennbahn des Menschen. Sie ist uns anvertraut. Und wir sind, wenn wir uns recht verstehen, ihre Heger und Pfleger. Wir sind mehr, als wir uns zutrauen.

Wenn wir das glauben, werden wir nicht resignieren. Martin Buber sagte einmal: ›Das einzige, das uns wirklich zum Verhängnis werden kann, ist der Glaube an das Verhängnis, denn er verhindert die Umkehr.‹ Ich frage mich manchmal, ob unter denen, die bei uns politische oder wirtschaftliche Verantwortung tragen, nicht viel zu viele längst resigniert haben.

Umkehr – das meinen wir mit Buße – hat Sinn, wenn es noch eine Chance gibt. Aber wer umkehrt mit der Absicht, etwas zu tun, der geht wacher durch die politische Landschaft. Der geht aufmerksamer durch sein Leben, dankbarer, sensibler. Zum Staunen fähiger. Zum Verzicht bereiter. Vielleicht ist es noch nicht zu spät.

Ich wünsche Ihnen einen nachdenklichen Abend.«

J. Z.: Die Sendung war kaum durchgeflimmert, da rief der Ministerpräsident den Intendanten an, er werde diesen Pfarrer zur Rechenschaft ziehen wegen politischen Mißbrauchs des kirchlichen Fernsehens. Der Intendant rief den Bischof an mit der Bitte, der Sache nachzugehen. Ein Oberkirchenrat zitierte mich und fragte mich mit deutlichem Unbehagen, wie man heute immer fragt, wenn man Unbehagliches äußert, ob ich das nicht ein wenig ausgewogener hätte sagen können, da es doch wohl in die Kompetenzen weltlicher Instanzen eingreife und so weiter. Ich solle doch, da es sich nicht um ein geistliches Thema handle, das Thema der Politik und der Wirtschaft überlassen. Aber so schmal ist eben der Restbestand an von oben gestatteter Redefreiheit in einem Land, das weniger von einer Regierung und viel wirksamer schon von den Chefetagen der Wirtschaft aus regiert wird und in dem der Politiker das Recht auf Rhetorik hat, während die Wirtschaft die Realität gestaltet. Und wieder blieb am Ende ein Redakteur, der sich vermutlich hüten wird, künftig Dinge zu senden, die irgendeinem weltlichen oder geistlichen Großmogul mißfallen könnten. Es war eine Art inoffizieller Abmahnung. Aber die Kirche hat mich in meiner Arbeit nicht behindert, im Gegensatz zum Intendanten des Süddeutschen Rundfunks, der damals eine Weisung an die Redaktionen herausgab, Dr. Zink sei nur im Rahmen seines Dienstauftrags mit Sendungen zu befassen, darüber hinaus wolle er ihn nicht mehr im Programm sehen.

M. K.: Sie haben oft darauf hingewiesen, daß die Verwüstung der Welt sich in uns Menschen widerspiegelt. Wörtlich haben Sie einmal – ich glaube, es war in Ihrem Buch »Kostbare Erde« – gesagt, die Verwüstung der Welt spiegele sich in uns selber wider, und kein noch so wachsender Wohlstand könne dieses Elend ausgleichen. Sie sind nicht beim Resignieren stehen-

geblieben, sondern haben dieser Erkenntnis ein handfestes Engagement entgegengesetzt. Ich nenne das Stichwort: Jugendfarm Haldenwiese. Was hat es damit auf sich?

J. Z.: Dazu ist zunächst einmal zu sagen, daß ich auf einem Bauernhof neben dem Kuhstall geboren bin. Und das muß sich mir eingeprägt haben, obwohl ich nachher nicht mehr auf einem Hof war. Ich hatte immer eine Liebe zu Viechern und Mist und zum Feld und zum Acker und zur Arbeit eines Bauern. Vor fünfundzwanzig Jahren habe ich mir einen Kindertraum erfüllt, indem ich mit Freunden zusammen einen solchen Traum aufgebaut habe für Kinder von heute.

Wenn ich mit Kindern umgehe, dann merke ich, daß diesen Kindern etwas fehlt von erdhafter Verbindung, von Verwurzelung. Man kann in Beton nicht einwurzeln, auch nicht in Teppichböden. Ich habe den Eindruck, daß vielen unter ihnen etwas fehlt von der Vitalität der Elemente, die ein Mensch nun einmal braucht, wenn er leben soll. Es ist um sie her alles verplant, von Zäunen umgeben, von Verboten durchzogen. Als wir Kinder waren, wurde in jedem Wald gezeltet, in jeder Feldscheuer übernachtet. Wir konnten aus jedem Bach trinken, wir konnten in der Landschaft leben. Heute heißt es: »Zelten nur auf Campingplätzen.« »Baden verboten.« »Kein Trinkwasser.« Ich hatte immer wieder das Gefühl, ich müsse etwas tun, das diesen Kindern Erfahrungen bringt, wie ich sie als Kind hatte. Daß da Tiere sein müßten, Pferde und Ziegen, daß da gebaut und verändert werden dürfe, daß da ein Garten sein müsse, in dem man etwas pflanzen, eine Werkstatt, in der man sich irgendein Fahrzeug zusammenschweißen kann. Und deshalb habe ich damals mit einem kleinen Freundeskreis zusammen ganz inoffiziell und ganz privat eine Jugendfarm gegründet, zunächst angestoßen durch die Tatsache, daß in unserer Nähe eine Schule ist für körperbehinderte Kinder, Spastiker. Wir haben eines Tages gefragt: Kriegen diese spastischen Kinder eigentlich Reittherapie? Von der ich von früher her wußte, daß sie wichtig ist. Nein, sie kriegten sie nicht, das konnte keiner zahlen, weder die Stadt noch der Staat noch die Eltern. Dann haben wir eine große Wiese gepachtet, stellten ein paar Ponys drauf und gaben den Kindern Reittherapie. Und daraus entwickelte sich ein Spielparadies auch für gesunde Kinder, bis wir so etwa zwölf Pferde hatten, fünf Esel und Ziegen und eine Schafherde und Hühner und Gänse und Hunde und Katzen und alles, was dazugehört. Da war ein Dorf, wo sie sich ihre Häuser bauen konnten, da war ein Garten, in dem sie sich für einen Sommer ein Beet abgrenzen konnten. Und da war eine Werkstatt, wo sie schweißen und schmieden lernen konnten und sich abenteuerliche Fahrzeuge gebaut haben. Wir haben dann eine Reithalle gebaut, alles aus Spenden, auch der Industrie. Es war ja keine kirchliche Einrichtung und auch keine nur an der Stadt hängende. Das war für mich selbst eine Art Ausgleich zur Arbeit am Schreibtisch. Ich habe tatsächlich immer sehr gern auf dem Mist gestanden und sehr gern mit den Eltern der Kinder zusammen gebaut, was die Erwachsenen bauen mußten. Und habe mich da immer wieder außerordentlich regeneriert.

M. K.: Bei Ihrem Engagement für die Erhaltung der Schöpfung fällt auch immer wieder auf, wie sehr Sie die Tierwelt betonen, bewußt auch als Theologe betonen. Hat das einen bestimmten Grund?

J. Z.: Ich sehe keinen so großen Unterschied zwischen Mensch und Tier. Ich halte es für theoretisch, da einen großen Unterschied zu machen. Natürlich gibt es einen Unterschied im Bewußtsein des Menschen, aber wir sind genauso vitale Wesen wie jedes Tier, und die Tiere sind unsere nächsten Schwestern und Brüder. Und wenn ich zum Beispiel auf meiner Jugendfarm die Sozietäten der Kinder anschaue und die Sozietäten der Tiere, dann sind die nicht so weit auseinander. Die psychischen Gesetze, die in einer Kindergruppe gelten, gelten auch in einer Schafherde oder in einer Herde von Pferden. Das läßt sich sofort prüfen, wenn man irgendeinen Außenseiter in eine Gruppe hineinbringt und sieht, was sich da abspielt, was da an Widerständen entsteht. Das ist genau analog. Und die Kinder haben ja sowieso zu Tieren ein viel dichteres Verhältnis als zu Erwachsenen. Wenn ich ein Kind beobachte, zum Beispiel ein autistisches Kind, das sich keinem Erwachsenen gegenüber äußert – einem Hasen gegenüber äußert es sich, und zwar bald. Wenn wir mit einem autistischen Kind reden wollten, dann haben wir immer entweder über ein Pferd mit ihm geredet oder über einen Hasen, je nachdem, wie groß und wie alt es war. Und wir haben immer wieder erlebt, daß es sich öffnete einem Tier gegenüber, das es als angenehm und warm empfand, zu dem es Zugang hatte und das auf seine Zärtlichkeit antwortete. Wenn man weiß, daß ein Kind sozusagen aus dem Tierreich erst herauswachsen muß zu seinem eigentlichen menschlichen Bewußtsein und im Lauf eines ganzen Lebens immer wieder mit dem Tierrest zurechtkommen muß, der in ihm bleibt, wird man in die Pädagogik immer wieder mit guten Gründen Tiere einführen.

M. K.: Ich frage Sie als Theologe: Haben Tiere so etwas wie eine Seele?

J. Z.: Natürlich haben sie eine Seele. Sie erleben, sie suchen etwas, sie freuen sich, sie ärgern sich, sie leben ihre Abneigungen aus, sie haben ihre Neurosen und ihre Zornausbrüche. Sie empfinden sehr differenziert. Sie leiden. Sie haben mit Angst zu tun. Sie sehnen sich nach Zärtlichkeit. Sie sind uns viel näher, als wir gelegentlich denken.

M. K.: Wie sehen Sie die Zukunft unserer Welt, die der Kirche und die Ihres eigenen Lebens?

J. Z.: Für die Zukunft der Welt sehe ich, wenn ich dabei nichts anderes bedenke als die Art, wie wir mit ihr umgehen, schwarz. Ich sehe in ökologischen Fragen keine Umkehr. Ein bißchen Kosmetik, aber nicht mehr. Und wir alle wissen, daß, wenn keine Umkehr geschieht, die Erde in Kürze zerstört sein wird. Wir sehen eine Bedrohung der Erde durch die Ausbreitung von Atomwaffen heute bis in kleinste Staaten. Die ist nicht aufzuhalten. Wir wissen nicht, was daraus wird. Ich sehe auch die Stabilität der einzelnen Staaten sehr generell bedroht durch das, was in wenigen Jahren, wenn die Übervölkerung der Erde so weitergeht und damit das Elend der Dritten Welt, geschehen wird: daß nämlich Millionen auf die wenigen reichen Länder zuströmen. Dann aber sehe ich sehr dunkel für den Bestand der gegenwärtigen Friedensordnung. Was die Menschheit als Ganzes betrifft, so weiß ich nicht recht, was ich von ihrer Zukunft halten soll. Ich glaube nicht, daß der Mensch sich in nennenswerter Weise weiterentwickelt hat seit der Steinzeit. Er müßte aber eigentlich einen Sprung machen in seiner Entwicklung, wenn er mit den Problemen fertig werden wollte, die vor ihm liegen.

Meine eigene Zukunft bekümmert mich am wenigsten. Ich habe mein Leben gehabt. Was mich bekümmert, ist das Leben meiner Kinder und Enkel, die die Ernte einfahren von dem, was unsere Generation angerichtet hat. Eine Kultur wie die unsere geht zugrunde, wenn sie keine Hoffnung hat. Und ich sehe nicht, wo sich heute irgendwo in der kulturellen Landschaft so etwas erheben würde wie Hoffnung, wie eine Zuversicht, wie ein offenes Annehmen dessen, was auf die Menschen zukommt.

Da setzt nun das ein, was die Kirche zu sagen hat. Ich glaube, der kulturelle Beitrag der Kirche, ihr Beitrag zur kulturellen Landschaft, zur zivilisatorischen, ist die Hoffnung, von der sie redet. Wenn wir den Menschen begründet sagen können: Wir haben noch eine bestimmte Zukunft, es gibt Kräfte in der Welt, die eine andere Zukunft schaffen werden, als wir jetzt befürchten, dann haben wir etwas gebracht, dann haben wir etwas geleistet. Aber daran hängt's.

Ein junges Mädchen fragte mich neulich mit dem Blick auf die politische Landschaft von heute in einem Brief: »Können Sie mir erklären, warum die Menschen so sind, wie sie sind? So unfähig, so kurzsichtig, so töricht und so gemein?« Ich konnte es nicht, aber ich konnte mit ihr zusammen darüber trauern, daß es so ist.

M. K.: Was müßte sich denn ändern?

J. Z.: Sehr viel. Zum Beispiel:

Dem Ausdehnungs- und Wachstumsdrang der Wirtschaft ist künftig bewußter Widerstand entgegenzusetzen. Wir werden weniger verbrauchen. Wir werden nicht alles tun, was wir tun können. Wir werden nicht alles aus der Erde holen, was darin ist. Wir werden auf die Steigerung von landwirtschaftlichen Erträgen verzichten, wenn sie nur durch Ausrottung von Tierarten und Vergiftung des Bodens erreichbar ist. Wir werden uns künftig nicht mehr für berechtigt halten, großtechnische und großwirtschaftliche Entwicklungen voranzutreiben, wenn sie an anderen Stellen in der Welt Ausbeutung und Zerstörung bedeuten. Wir werden weniger Energie verbrauchen. Wir werden wieder fragen, womit und wofür wir eigentlich leben, und werden dem Raffen, Haben und Besitzen geringeren Rang einräumen als bisher. Wir werden den Sinn unseres Lebens nicht wie bisher in Erfolg und Leistung, sondern im Sein suchen, in der Einbettung in das Ganze der Kreatur, im verantwortlichen Mitwirken im großen Zusammenhang, im Mitdenken und Mitempfinden. Sein heißt sein mit anderen. Anders lassen sich heute keine »Grundwerte« mehr entdecken. Anders läßt sich heute keine Zukunft mehr denken, die zu erleben sich für einen jungen Menschen lohnen könnte. Anders läßt sich künftig zum Beispiel auch unter Christen weder der erste Glaubensartikel bekennen noch der zweite, der vom Opfer spricht und von der Freiheit, die aus dem Opfer kommt, noch der dritte, der von der Gemeinschaft nicht der Verbraucher, sondern der Glaubenden spricht und uns meint.

Die Krise, in der unsere westliche Zivilisation steht, ist die Krise eben der Freiheit, mit der unsere Politiker heute noch das Pathos ihrer Reden aufpolieren. Wann werden sie mit ehrlichen Worten das beim Namen nennen, was die Nachdenklichsten in der jungen

Generation um ihre Hoffnung bringt, das, was sie hindert, diesem Staat, dieser Gesellschaft, dieser Wirtschaft, diesem Bildungswesen und dem ganzen darum versammelten Vokabular Vertrauen entgegenzubringen? Denn eins ist sicher: Was wir »Akzeptanzkrise« nennen, geht tiefer, als wir zur Stunde ahnen.

Denke ich aber an Kinder und Enkel, so sehe ich eine Generation heranwachsen, deren Mehrheit zu gehorsamen Verbrauchern erzogen ist, deren Minderheit allenfalls aber mit der verzweifelten, maschinenstürmenden Feindseligkeit reagieren wird, aus der man Terroristen, Extremisten, Weltflüchtige oder friedlichstenfalls Träumer und Utopisten macht. Terrorismus gegen die Mediengesellschaft als psychische Notwehr, das könnte ein Merkmal der Zukunft sein, die uns nach dem Ende einer überschaubaren demokratischen Gesellschaft erwartet.

Und wie steht es mit dem vielgepriesenen Fortschritt? Expansion zu immer größeren Strukturen ist kein Fortschritt mehr. Ausbeutung sämtlicher Vorräte ist kein Fortschritt mehr. Einen Fortschritt könnte man hingegen im Wachsen des kritischen Bewußtseins unter den Bürgern erblicken. Einen Fortschritt könnte man es nennen, vermöchten wir in Zukunft wirtschaftliche und soziale Minderungen in Kauf zu nehmen, um dadurch langfristig den Fortbestand eines lebenswerten Lebens der Menschen auf diesem Erdball zu erreichen.

8
Die Friedensbewegung

M. K.: Es gibt von Gustav Werner, dem schwäbischen Pfarrer und Sozialpolitiker des 19. Jahrhunderts, ein Wort, das auch ein Motto für Ihre Tätigkeit sein könnte: »Wer schweigt, wer nicht handelt, wer nicht für etwas eintritt, der ist enorm politisch, weil er das Bestehende stärkt, weil er das Schlechte duldet.«

Es gibt unter den Themen, die einem Pfarrer Ärger bringen können, nicht viele, die Sie ausgelassen haben. So haben Sie in der Friedensbewegung und bei Ihren Aktionen praktisch seit deren Anfängen in den 50er Jahren mitgewirkt, vor allem aber seit 1980. Erzählen Sie doch etwas über die Friedensbewegung.

J. Z.: Über die Friedensbewegung und meine Mitwirkung dort habe ich in den letzten fünfzehn Jahren viel geredet und geschrieben, ich fürchte, ich könnte dazu nichts sagen, was nicht schon irgendwo zu lesen wäre.

M. K.: Das möchte ich so nicht stehenlassen. Immerhin haben Sie, wenn ich recht orientiert bin, im Zusammenhang mit Ihrer Beteiligung an der Friedensbewegung 1980 Ihren Dienst als Pfarrer der Württembergischen Landeskirche aufgegeben und lebten von da an als freier Publizist. Was war der Grund dafür?

J. Z.: In der Zeit der frühen Friedensbewegung, in den siebziger Jahren, war es für einen Pfarrer schwierig, sich für sie einzusetzen. Immer wieder gab es Mahnungen von den Kirchenoberen, sich politisch zurückzuhalten, auch an mich. Wenn ich also offen und wirksam für die Friedensbewegung reden wollte, dann mußte ich das als unabhängiger Mann tun. Ich wollte meiner Kirche keine Schwierigkeiten bereiten. Ich habe damals gesagt: Leute! Beurlaubt mich! Ich kann auch als freier Journalist existieren. Ich kann auch ohne amtlichen Rahmen als Pfarrer tätig sein. Ihr habt dann einen Pfarrer, der seine Arbeit tut und euch nichts kostet. Darauf sind sie dann auch eingegangen, und ich konnte frei reden.

M. K.: Sie waren aber auch schon früher auf dieser Seite. Ich möchte Sie nach vierzig Jahren Friedensbewegung fragen: Hat sie etwas bewirkt? Und was?

J. Z.: Die Friedensbewegung hat zwei Wellen gehabt. Die erste war die in den fünfziger und in den sechziger Jahren. Damals war unsere Hoffnung Gustav Heinemann mit seiner gesamtdeutschen Volkspartei. Die zweite hatte ihren Höhepunkt in der Zeit der Nachrüstung und im Kampf gegen die Pershing II. Die zweite Welle hat mehr Wirkung gezeigt. Vor allem im Ausland. Damals hat man in den Ländern rund um Deutschland, vor allem in den östlichen, zum ersten Mal begriffen, daß es in Deutschland eine breite Schicht von Menschen gibt, die sich in die Front des Kalten Krieges nicht einreihen. Die auch keinen Revanchekrieg führen wollen, weder gegen Rußland noch sonst gegen irgend jemanden. Und das war wichtig. Das hat einen Anfang von Vertrauen bewirkt, vor allem in Rußland. Was danach durch Gorbatschow in Bewegung kam, wäre bei den Nachbarn Deutschlands ohne die vorausgehende Zeit der Friedensbewegung nicht durchsetzbar gewesen. Als in den achtziger Jahren alles überzeugt war, es werde sehr bald zu einem Weltkrieg kommen, als man unter Bundeswehrgenerälen, Politikern und Zukunftsforschern sagte, dieser Krieg sei unvermeidlich – so sagte es damals zum Beispiel Carl Friedrich von Weizsäcker –, da sagte mir Hildegard Hamm-Brücher, damals Staatsministerin, auf einer Wehrkundetagung: »Machen Sie um Gottes willen weiter mit Ihrer Friedensbewegung. Sie haben schon viel mehr erreicht, als Sie wissen können.« Davon hat man natürlich öffentlich nie geredet. Man wollte ja von der Friedensbewegung kein Brot nehmen, als Gorbatschow kam. Wir haben auch keinen Anspruch auf unsere Fernwirkung erhoben. Hauptsache, es kam zum Frieden, zur Abrüstung, zu neuen Anfängen. Aber es war praktisch eine der Wirkungen unter anderem der Friedensbewegung, die am Anfang der Wiedervereinigung Deutschlands und am Anfang der Umgestaltung der Sowjetunion stand.

M. K.: Hatte Ihr Engagement irgend etwas mit Ihrer Kriegserfahrung zu tun?

J. Z.: Aber selbstverständlich. Ich will Ihnen ein Beispiel nennen: Damals, 1980, ging ein Brief um die Welt, den ein ehemaliger deutscher Flieger an den Oberbürgermeister von Antwerpen geschrieben hatte:

»Ich habe, als die Deutschen Belgien angriffen, als Pilot in der Kanzel eines Sturzkampfbombers vom Typ Ju 87 gesessen und eine Brücke im Nordosten Antwerpens angegriffen. Das war am 10. Mai 1940. Im Laufe des Krieges folgten diesem ersten Einsatz gegen Ihre Stadt noch sechshundertachtundvierzig weitere Einsätze überall in Europa.

Nun ist es mir ein Bedürfnis, die Menschen Ihrer Stadt um Vergebung zu bitten für das, was wir damals getan haben. Die Bitte kommt spät, aber hoffentlich nicht zu spät. Der Angriff auf Ihre schöne und große Stadt war mein erster Kriegstag. Nie bin ich die Vision der unschuldig getöteten Zivilisten losgeworden. Ich bitte alle Überlebenden um Verzeihung, sicher auch im Namen meiner damaligen Fliegerkameraden, die fast ausnahmslos während des Krieges den Tod fanden.

Ich habe seitdem viel dazugelernt. Ich habe gelernt, zu lieben und dankbar zu sein für das Leben, das wir heute führen dürfen. Mein großer Wunsch ist, daß alle Politiker endlich verstehen mögen, daß die Menschen nichts sehnlicher wollen, als in Frieden zu leben.«

Die Stadt Antwerpen antwortete ihm:

»Ihr Brief ist für alle jungen Menschen ein Beispiel von hohem, moralischem Wert. Er wird in den Schulen Antwerpens künftig zum Stoff des Unterrichts gehören.«

M. K: Kennen Sie den Mann?

J. Z.: Nein. Aber Sie verstehen sicher, wenn ich sage: Ich bin Gott dankbar, daß ich als Flieger nie den Befehl bekam, Bomben auf Frauen und Kinder zu werfen. Denn wenn es mir befohlen worden wäre, hätte ich es getan wie jeder andere. Ich hatte das Glück, Jagdflieger zu sein.

Man lebt anders, wenn man so aus dem Feuer gerissen, so bewahrt, so in ein zweites Leben entlassen ist. Ich habe nun fast fünfzig Jahre länger gelebt als alle die Millionen junger Menschen, die auf irgendeine schreckliche Weise umkamen. Was tut man mit einer solchen geschenkten Frist? Und was tut man, wenn man weiß, daß man zu allem fähig gewesen wäre, durch das andere, Gleichaltrige, sich die Last ihres Lebens auf die Seele geladen haben?

Mindestens dies: Man erschrickt tiefer, wenn die Völker wieder einmal am Rand eines Krieges entlangschlingern. Man erschrickt vor Politikern, die militärische Lösungen von politischen Problemen auch nur zu denken fähig sind. Man erschrickt vor allem dann, wenn einem junge Menschen heute in ihrer Ahnungslosigkeit sagen: »Ein Krieg? Das wäre was Tolles! Das wäre doch mal was anderes!«

Erfahrungen einer Generation lassen sich nicht übertragen. Aber es graut einem davor, es könnte irgendeine Generation durch die Erfahrungen gehen müssen – oder durch noch schrecklichere –, die wir gemacht haben.

Man verwendet den Rest des einem anvertrauten Lebens dazu, dem Geist zu widerstehen, aus dem die Kriege kommen. Dem Geist der Selbstgerechtigkeit, der Kraftmeierei, der Menschenverachtung und der politischen Leichtfertigkeit. Der Friede ist kein Luxus. Er ist das Leben. Es gibt keine Alternative dazu.

M. K.: Im Rahmen Ihrer Mitarbeit bei der Friedensbewegung, Anfang der achtziger Jahre, haben Sie in Ihrem damals sehr beachteten Aufsatz »Wir brauchen ein weltweites Friedenskonzil« eine Idee aufgegriffen, die schon Dietrich Bonhoeffer 1934 im dänischen Fanö in die Welt gesetzt hat. Zwei Jahre später, es war wohl bei dem Düsseldorfer Kirchentag 1985, hat kein geringerer als Carl Friedrich von Weizsäcker Ihre Idee erneut aufgegriffen mit der Forderung, die Kirchen sollten ein weltweites Friedenskonzil einberufen. Inzwischen haben ja die europäischen Kirchen, die evangelische und insbesondere die katholische Kirche, diese Idee aufgenommen. Ich möchte Sie jetzt fragen, sind Sie mit dem bisherigen Erfolg, wenn man überhaupt von Erfolg sprechen kann, zufrieden?

J. Z.: Es war im Frühjahr 1982. Pater George Zabelka, der die Atombomberpiloten von Hiroshima und Nagasaki betreute und heute als Rufer nach Frieden und Gewaltlosigkeit wirkt, hat im Publik Forum vom 23. 4. 1982 eine Anregung gegeben, die ich mit Entschiedenheit aufgegriffen habe. Er sagte:

»Es ist dringend notwendig, ein ökumenisches Konzil einzuberufen zu dem besonderen Zweck, klar zum Ausdruck zu bringen, daß der Krieg absolut unvereinbar sei mit der Lehre Jesu und daß Christen von jetzt an an keinem Krieg teilnehmen können und dürfen... Dadurch würde allen Nationen unseres Planeten kundgetan, daß sie von nun an bei ihren gegenseitigen Massenmorden nicht mehr mit der geistlichen, physischen oder finanziellen Unterstützung der Christen rechnen können.«

Mir war damals klar, daß Zabelka – vermutlich ohne es genau zu wissen – aufgriff, was Dietrich Bonhoeffer auf der ökumenischen Konferenz in Fanö 1934 gefordert hatte:

»Wie wird Friede? Wer ruft zum Frieden so, daß die Welt es hört, zu hören gezwungen ist? ... Der einzelne Christ kann das nicht. Er kann wohl, wo alle schweigen, die Stimme erheben und Zeugnis ablegen, aber die Mächte der Welt können wortlos über ihn hinwegschreiten. Die einzelne Kirche kann auch wohl zeigen und leiden..., aber auch sie wird erdrückt von der Gewalt des Hasses. Nur das eine große ökumenische Konzil der Heiligen Kirche Christi aus aller Welt kann es so sagen, daß die Welt zähneknirschend das Wort vom Frieden vernehmen muß und daß die Völker froh werden, weil diese Kirche Christi ihren Söhnen die Waffen aus der Hand nimmt und ihnen den Krieg verbietet und den Frieden Christi ausruft über der rasenden Welt. Warum fürchten wir das Wutgeheul der Weltmächte? ... Wir wollen reden zu dieser Welt, kein halbes, sondern ein ganzes Wort, ein mutiges Wort, ein christliches Wort. Wir wollen beten, daß uns dieses Wort gegeben werde – heute noch – wer weiß, ob wir uns im nächsten Jahr noch wiederfinden?«

Ich fand damals – und schrieb es im Frühjahr 1983 in einem Aufsatz –, das sei es in der Tat, was wir am dringendsten brauchten. Nicht ein Konzil allein der »Friedensbewegungen«, sondern ein Konzil, das alle jene Kirchen und jene Christen umfaßt und repräsentiert, denen im Ernst am Frieden gelegen ist, und das dem Ziel dient, einen Konsens zu finden gegen Krieg, gegen Hochrüstung, gegen Drohung, gegen Diffamierung, gegen Blockbildung, gegen Vorherrschaftswünsche und gegen den Mißbrauch des Worts »Frieden« durch jene, die Vernichtung ganzer Erdteile in Kauf nehmen, um ihre Übermacht zu sichern.

Sollten wir über die Zeiten nicht hinwegsein, in denen man um den Willen Jesu, wie er in der Bergpredigt formuliert ist, herumreden konnte? Sollten wir des historischen Sammelsuriums von Ausreden, wo der Wille Jesu Geltung habe und wo nicht, nicht endlich überdrüssig sein und erkennen, wie genau die Welt das von uns braucht, was dort formuliert ist? Sollten wir nicht endlich wissen können, daß nur der seinen Feind versteht, der ihn liebt – und daß es lebensgefährlich ist für die ganze Menschheit, wenn eine Weltmacht ihren Feind nicht versteht, weil sie ihn haßt und ihn zum »Zentrum alles Bösen in der Welt« erklärt? Sollten wir nicht endlich wissen können, daß heute Gewaltfreiheit kein Luxus mehr ist, sondern eine Bedingung für das Überleben der Menschheit? Ist es nicht Zeit, daß die Kirche Christi ihr Mandat, Frieden zu stiften, begreift? Ist es nicht Zeit, daß wir auf dem heute notwendigen Weg zum Frieden auch die eine Kirche Jesu Christi entdecken jenseits aller Konfessionen? Ich gestehe gerne, daß das Zeitalter der Konfessionen für mich ebenso vorbei ist wie das Zeitalter christlicher Kriege und daß ich mich nur dort noch engagiere, wo Christen die heutige Aufgabe der Kirche konkret und gemeinsam anfassen. Ich habe damals gefordert, ein solches Konzil müsse spätestens für 1985 einberufen werden.

Auf dem Kirchentag 1985 in Düsseldorf nahm Carl Friedrich von Weizsäcker den Gedanken auf. Ich habe ihn damals beschworen, diesen Gedanken nicht einfach den organisierten Kirchen zu übergeben, sondern die Basisbewegungen einzubeziehen. Es kam aber, wie es kommen mußte: Die Kirchenleitungen zogen die Sache an sich, die Friedensbewegung blieb außen vor, und die vorbereitenden Konferenzen verliefen, wie es in den Kirchen fast immer läuft. Man ist vorsichtig. Man will niemanden verprellen. Man nimmt sich Zeit. Man verhandelt, und das mit halbem Herzen. Und am Ende kam eben nicht das heraus, was Carl Friedrich von Weizsäcker gefordert hatte, »ein Wort, das die Welt nicht überhören kann«. Was am Ende herauskam, hat die Welt mühelos überhören können, und alles lief weiter, wie gehabt.

M. K.: Aber die Träume von Jugendlichen können doch nicht zum Maß genommen werden für das, was die Erwachsenen, die politisch Tätigen zumal, tun sollen.

J. Z.: Ich habe die Erfahrung gemacht, daß Kinder und Jugendliche aus einem reineren Herzen den Frieden wollen als die abgebrühten oder resignierten Erwachsenen.

Vor längerer Zeit kamen mir ein paar Gedichte in die Hand, von Kindern geschrieben, von der UNESCO gesammelt, über das, was Kindern wichtig ist. Und wir Christen sollten über Kinder und ihre Träume anders nachdenken, als die Menschen sonst es tun.

Da denkt ein kleiner Franzose von neun Jahren namens Henri Pierre über die Grenzen seines Landes hinaus und schreibt:

Wenn ich einen Seehund zum Freund hätte,
Shanouk, dann könnte ich du sein,
ein Eskimokind.
Wenn ich Hirse vor meiner Hütte zerstampfte,
Fatou, dann könnte ich du sein.
Wenn ich eine Quelle in der Wüste suchte,
Achmet, ich könnte du sein.
Wenn ich träumte unter dem spitzen Hut,
Li Yu, ich könnte du sein.
Lebte ich auf einem Wolkenkratzer ganz oben,
ach Jimmy, ich könnte du sein.
Hieße mein Großvater »schwarzer Adler«,
Shapian, dann könnte ich du sein.
Kommt, Freunde, kommt in mein Land,
Freunde, kommt in mein Haus,
kommt in mein Herz.
Nur eine Heimat haben wir dann,
nur ein Zuhause
und ein einziges Herz.

Sie können natürlich sagen: Was verstehen Kinder schon von Politik? Man darf doch mit so ungenauen Wünschen und Ideen keine Politik machen! Aber bitte: Was ist besser: ungenau richtig oder haargenau falsch? Charakteristisch für die politische Dummheit ist doch, daß sie politisch redet, sich selbst aber kraft ihrer selbst nicht bemerkt.

Wir könnten aber auch darüber trauern, daß uns bei den Träumen der Kinder nichts mehr weiter einfällt, als daß sie eines Tages wie wir resignieren werden vor Haß und Krieg. Trauern darüber, daß auch die unter uns, die das Vertrauen zwischen den Völkern suchen, so schnell an der Grenze ihrer Kraft und ihres Mutes ankommen. Wir können aber auch einen Entschluß fassen wie die elfjährige Katja Iwanowa aus Rußland:

Eine Weltkarte betrachte ich.
Ich sehe die Ozeane,
die Breitengrade, die Meridiane.
Ich sehe den Reiseweg des Kolumbus.
Ich sehe die Antarktis.
Ich werde nicht zulassen,
daß dieser Erde Böses geschieht.

»Ich werde nicht zulassen.« Was ist das für ein Mut und eine Zuversicht! Und was für eine Liebe bei der elfjährigen Anna Soldi aus Italien, die schreibt:

Ich sah, wie der Bäcker ein Herz machte aus Brot.
Groß und heiß und duftend. Da dachte ich:
Wenn ich ein Herz aus Brot hätte –
wieviel Kinder könnten davon essen!
Ich gäbe euch gerne, meine hungrigen Freunde,
von meinem Herzen aus Brot.
Aber das ist ein Traum.
Und meine hungrigen Freunde weinen noch immer.
Ach, wäre mein Herz doch aus Brot!

Ich muß dazu nicht viel sagen. Mir fiel ein, daß dies der eigentlich christusförmige Mensch wäre, der mit dem Herzen aus Brot.

Ich finde umgekehrt die Art und Weise, wie man mit den Träumen, der Sehnsucht, dem guten Willen und aller Hoffnung für die Zukunft unter den jungen Menschen bei uns umgeht, indiskutabel. Wie man sie zu Chaoten gemacht hat, wie man sie kriminalisierte, wie man sie verlachte. Und ich habe es immer auch als meine Aufgabe angesehen, diese verächtliche Art der Behandlung junger Menschen an meinem Teil aufzufangen.

M. K.: Aber man bemüht sich doch in Bonn und anderswo um das Verständnis für die junge Generation von heute.
J. Z.: Natürlich fragt man sich, was die Ursache sei für die Abwendung der jungen Generation von den etablierten Parteien, von der herkömmlichen Sicherheitspolitik, von der praktizierten Umweltpolitik, die Ursache für die Sprachlosigkeit zwischen Politikern und Jugendlichen. Aber im Grunde versteht man sie nur oberflächlich oder gar nicht.

Die jungen Menschen gingen ja damals auf die Straße, nicht weil sie den demokratischen Staat zerstören wollten, sondern weil sie keinen demokratischen Staat hatten, in dem sie mit irgend jemand aus der Führungsschicht hätten reden können. Ich könnte Ihnen da schaurige Dinge erzählen, die sich zum Beispiel auf dem Hamburger Kirchentag abgespielt haben. Da waren dreißig oder vierzig Spitzenpolitiker anwesend unter den ungefähr 70 000 Jugendlichen, und unter diesen Spitzenpolitikern waren höchstens zwei oder drei, die überhaupt fähig waren, offen und ehrlich mit zehn oder zwanzig Jugendlichen zu diskutieren. Das war zum Erbarmen. Diese Leute waren einfach unfähig zum Dialog, einer wie der andere – ein paar Ausnahmen gab es –, und die jungen Leute hörten nicht Antworten auf ihre Fragen, sondern sie hörten die Phrasen wieder, die sie jeden Abend im Fernsehen auch hören können.

M. K.: Sehen Sie dafür einen Grund?
J. Z.: Das hat damit zu tun, daß von unseren Politikern, so emp-

finden jedenfalls die jungen Leute, keiner mehr seine persönliche Meinung vertritt, sondern daß da immer nur Programme vertreten werden, immer nur abgesprochene Sätze. Ich will ein Beispiel sagen. Auf dem Hamburger Kirchentag seinerzeit wurde Hans Apel erwartet. Er war damals Verteidigungsminister. Die jungen Leute sagten sich: Gut, Hans Apel wollen wir mal persönlich fragen, was er denkt, was er empfindet, wo er seine Schwierigkeiten hat, wo es ihm vielleicht selber unbehaglich ist bei seinem Amt und seiner Nachrüstung. Sie sagten sich: Der Mann kommt aus der evangelischen Jugend. Also muß man ihn doch auf Gewissensfragen ansprechen können. Er muß doch darüber mal nachgedacht haben. Aber dann kam eben nicht der Mensch Hans Apel, sondern es kam der Verteidigungsminister, und der sagte genau dasselbe, was er immer sagte. Die jungen Leute pfiffen ihn aus, und der Staat war wieder einmal durchgefallen.

M. K.: Findet denn ein solcher Dialog heute statt? Ich merke eigentlich nicht viel davon.

J. Z.: Herr Krauss, ich bin ein uralter Jugendpfarrer. Ich sagte schon: Ich habe alle die Schichten und Generationen junger Leute seit dem Krieg vor mir gehabt und mit ihnen gelebt: Die Generation derer, die die Bombennächte als Kleinkinder erlebt haben. Dann die Flakhelfergeneration des Kriegsschlusses, die skeptische Generation der 50er, die Studentenrevolte der 60er und die resignierten jungen Leute Ende der 70er Jahre. In den 80er Jahren hatte ich die Ökologie- und Friedensjugend vor mir, und ich muß sagen, daß ich kaum je eine so dialogfähige, so aufgeschlossene und so freundliche junge Generation erlebt habe wie diese. Es war ein reines Vergnügen, mit jungen Leuten von »Ohne Rüstung leben« oder von »Aktion Sühnezeichen« zusammenzusitzen und nachzudenken. Die konnten das. Natürlich waren sie sofort zu, wenn ihnen wieder einer kam, der sich gegen die jungen Grünen nur dadurch wehren konnte, daß er sie öffentlich diffamierte, indem er sagte: »Sie werden aus dem Osten bezahlt.« Die jungen

Leute wußten: Das ist nicht wahr. Also: Was ist mit diesem Staat los, der uns nicht zuhört, der nicht mit uns redet, der unsere Sorgen nicht wahrnimmt und der uns dann nur noch diffamiert und über uns lügt?

Für die jungen Menschen damals, die Hunderttausende, die die Friedensbewegung ausmachten, konnten die Politiker nur glaubwürdig werden, wenn ein gutes Stück Wahrheit ins Gespräch kam. Man hat ihnen damals erzählt, die russischen Raketen seien eine wahnsinnige Gefahr, man müsse unbedingt die neuen Pershing II aufstellen, die sie abwehren könnten. Man verschwieg dabei, daß die Pershings den Zweck hatten, den Russen die Zweitschlagfähigkeit zu nehmen. Man verschwieg zugleich, daß es für die Russen strategisch nur noch die Rettung gab, einen Erstschlag zu führen, und zwar eben gegen die Pershings, die ja vor allem in Deutschland standen. Die jungen Leute fragten sich: Wer ist denn eigentlich an der Produktion dieser Superwaffen interessiert? Kommt da die eigentlich tödliche Gefahr nicht plötzlich mitten aus dem Sicherheitssystem selbst?

M. K.: Es hat sowohl im Zusammenhang mit der Ökologie- als auch im Zusammenhang mit der Friedensbewegung immer wieder auch Gewalttätigkeiten gegeben. Vielen schien gewaltloses Agieren uneffektiv. Woher kam die Radikalität von damals?

J. Z.: Die Radikalität kam daher, daß auf gewaltlosen Wegen so wenig zu erreichen war. Daß auf Anfragen, auf ruhige Demonstrationen, auf schweigende Mahnwachen, auf Leserbriefe usw. einfach nichts erfolgte. Ich habe damals Bundespräsident Carstens dringend gebeten, doch bitte in einen konkreten Dialog mit diesen jungen Menschen einzutreten. Er stimmte mir zu. Ich habe damals – mit anderen zusammen – mit den jungen Leuten gewaltloses Demonstrieren eingeübt, und es gab ja dann auch ein paar Großdemonstrationen, an denen bis zu 300 000 vor allem junge Leute teilnahmen – Heinrich Böll hat da viel geleistet – und bei denen es immer wieder gelang, gewaltbereite Gruppen freundlich zu integrieren und an der Gewalt zu hindern. Aber bitte: Wo in unserer ganzen Gesellschaft wird Gewaltlosigkeit eingeübt oder gelehrt?

Seit 1981 hat sich für viele in der jungen Generation etwas verändert. Das Haus, in dem sie wohnen sollen, dieser Staat, ist für viele und gerade die Sensiblen in der jungen Generation nicht mehr bewohnbar. Sie werfen keine Bomben mehr in Kaufhäuser, aber sie verzweifeln im stillen, sie protestieren mehr oder weniger hilflos, oder sie suchen die »Alternative«, sie flüchten sich in eine kleine, noch bewohnbare Welt, wenn sie überhaupt noch etwas suchen und von ihrer Zukunft überhaupt noch etwas erwarten.

Das Haus ist fremd geworden, das ihre Väter für sie gebaut haben, und den führenden Leuten unseres Staats fällt partout nichts ein als das unwohnliche Haus alle vier Jahre mit den alten Farben neu anzupinseln. Und hin und wieder zu sagen, es sei eine geistig-moralische Wende fällig, von der doch niemand sagen kann, wer sie bewerkstelligen soll.

M. K.: Wie stehen Sie dann zu den »Rechtsextremen« unter den heutigen Jugendlichen? Man fragt sich ja seit einiger Zeit beklommen und ratlos, woher in den jungen Menschen, die türkische Häuser anzünden, dieses pathologische Bedürfnis kommen mag, diese kriminelle Energie. Und wer daran die Schuld trägt.

J. Z.: Es gibt unter jungen Menschen in unserem Land eine ganze Schicht, bei deren innerem und äußerem Zustand uns nichts wundern sollte, was auf diesem Gebiet geschieht. Wir haben junge Menschen, die ohne Arbeit sind. Wir haben junge Menschen, denen es zwar nicht an Geld, aber an irgendeiner Perspektive für ihr Leben fehlt. Wir haben junge Menschen, die nicht gebraucht werden, denen ihr Leben sinnlos erscheint. Man braucht weder ihre Kräfte noch ihre Begabungen noch ihren Einsatzwillen. Man braucht sie weder als Erfinder noch als politische Köpfe noch als

Helden. Sie leben vom Arbeitslosengeld oder von einer Arbeit, die ihnen kein Selbstbewußtsein vermittelt. Daß es einen selbst als Menschen gibt, kann man nur zeigen, wenn man Teil eines größeren Ganzen, zum Beispiel eines Fußballvereins, ist, auch wenn man dabei als Zuschauer nur von Stimme und Körperkraft Gebrauch macht. Es gibt eine ganze Schicht, in der junge Menschen sich als der letzte Dreck fühlen. Und niemand soll sagen, an diesem Zustand seien die betroffenen jungen Menschen selbst schuld. Sie sind die Erben eines Wirtschaftssystems, das ihnen ihre Eltern und Großeltern verschafft haben.

Wenn man aber ganz unten ist, braucht man einen anderen, der noch tiefer im Dreck steht. Auf dessen Schultern man sich stellen kann, um unter sich wenigstens noch einen zu haben, dem man zeigen kann, daß er ein »Untermensch« ist. Wer sollte sich aber für diese Rolle als Untermensch besser eignen als der Landfremde, der noch nicht einmal den Anspruch hat, dazusein? Und so wird der, der sich als Nichts fühlt, immerhin etwas. Er wird jemand. Er wird größer um den, der unter ihm ist.

M. K.: Hat das alles mit Rechtsradikalismus zu tun?

J. Z.: Im Grunde nur in einem gewissen Rückblick. Als wir Deutschen den Ersten Weltkrieg verloren hatten, war das deutsche Selbstbewußtsein so zerstört, daß es dringend Untermenschen erfinden mußte, die noch tiefer standen, die man noch geringer einstufen konnte als sich selber, und Hitler hat seinen erstaunlichen Aufstieg sozusagen damit finanziert, daß er die Untermenschen erfunden hat, die Juden, die Zigeuner, die Homosexuellen, die Kommunisten und was es alles sonst an »Untermenschen« gab. Er wäre meines Erachtens ohne diesen für das deutsche Selbstbewußtsein so erlösenden Vorgang niemals so schnell an die Macht gekommen. Auf den Schultern aber der Untermenschen konnte sich der heldenhafte, der schöne, der unbesiegte, der rassereine Deutsche erheben. Das Gesetz ist einfach. Wer oben sein will, braucht jemand, der unter ihm ist. Wenn Sie sich in die

Psyche eines heute Sechzehnjährigen hineinversetzen, der entweder keine Lehrstelle kriegt oder der weiß, daß er nach seiner Lehrstelle keinen Arbeitsplatz bekommt – wo soll er sein Selbstvertrauen hernehmen? Worauf soll er aufbauen? Wie soll er ein Staatsbewußtsein bekommen? Wie soll er andere Menschen respektieren können? Er braucht einen Untermenschen, der noch tiefer steht als er selbst. Wenn er den gefunden hat, dann ist er wer. Und als Untermenschen eignen sich heute die Asylanten, die Türken, die Ausländer, die ja noch nicht einmal das Wohnrecht in unserem Land haben, das der junge Mensch noch hat.

M. K.: Entsteht so ein rechtes Spektrum?
J. Z.: Durchaus. So entsteht das, was man das rechte Spektrum nennt, das aber mit einer politischen Richtung wenig zu tun hat, wohl aber mit einer Gesellschaft, die auf persönlichen Egoismus getrimmt ist, die sich um die nicht kümmert, die im Dreck sind, und in der man lieber auf Menschen aus dem sozialen Keller verzichtet als auf den Eurojäger 2000.

Ich halte es aber für völlig verfehlt, diese jungen Leute rechtsradikal einzustufen. Sie sind vielleicht in rechtsradikale Gruppen gekommen, weil sie sonst nichts hatten. Oder sie sind angeworben worden, weil die Rechtsradikalen natürlich wissen, was sie mit der sozialen Frustration anfangen können. Aber es handelt sich um soziale Frustration. Ich weiß, daß der Rechtsstaat hier hart reagieren muß, aber ich würde mich zum Richter nicht eignen. Eher dazu, mit den jungen Männern von Solingen und anderswo in ihrem Knast zu sitzen und mit ihnen barmherzig und freundlich zu reden. Auch wenn ich mir davon keine therapeutische Wirkung versprechen könnte.

M. K.: Ist also etwas falsch an unserer Einstellung zum jungen Menschen überhaupt?
J. Z.: Ich meine, daß die jungen Menschen und ihre Zukunft in den Vorstellungen von heutigen Politikern überhaupt nicht vor-

kommen. Vor kurzem bin ich an Erntefeldern entlanggegangen, den vierjährigen Enkelbuben an der Hand. Wir haben miteinander studiert, was Gerste ist und was Hafer, was ein Halm ist und was ein Korn in der Ähre. Ich habe ihm erzählt, daß dies alles wächst, damit wir beim Frühstück Brot auf dem Teller haben.

Aber je länger wir gingen und schauten, desto schwerer wurde es mir. Wir ernten heute. Was wird mein Enkel ernten, wenn er in meinem Alter ist oder im Alter seiner Eltern? Mir ging immer bedrängender durch den Kopf, wie denn wir Heutigen mit dem Reichtum, der uns zuwächst, umgehen.

Es geht uns gut, besser als je in unserer Geschichte. Besser als je unseren Vorfahren. Es hat nie so viel Reichtum in unserem Land gegeben. Aber unsere Ansprüche sind inzwischen so hoch geklettert, daß kein noch so großer Reichtum sie befriedigt. Ich sehe mir den Haushalt an, den unsere Bonner Regierung unlängst vorgesehen hat, und stelle fest: Über 60 Milliarden neue Schulden. Schulden. Mitten im Reichtum. Das war noch vor der jüngsten Rezession. Rund 2000 Milliarden DM Schulden haben Bund, Länder und Gemeinden. Wer kann sich diese irre Zahl vorstellen? Und die Zinsen, die dafür zu zahlen sind?

Ich rede nicht, weil ich über Finanzpolitik reden will, sondern weil sich an einem öffentlichen Etat zeigt, wie in einem Volk gedacht wird. Früher galt: In Notzeiten macht man Schulden. In den fetten Jahren zahlt man zurück. In den langen Jahren der Hochkonjunktur haben wir immer neue Schulden gemacht, obwohl wir alle wissen, daß jede Konjunktur irgendwann endet. Und daß irgendwann bezahlt werden muß. Und zwar von denen, die heute als Kinder an unserer Hand gehen. 2000 Milliarden.

Ich denke also an meinen kleinen Enkel an meiner Hand. Und ich denke an alle anderen Großväter und Großmütter und finde, uns müsse eigentlich der Zorn packen. Wir müßten eigentlich auf die Straße gehen und schreien. Aber das tun wir ja nicht. Wir wählen ja unsere Schuldenmacher immer wieder, von einer Wahl zur nächsten.

M. K.: Und warum werden diese Schulden nach Ihrer Meinung gemacht?
J. Z.: Weil das augenblickliche Vorteile hat. Es gibt kaum soziale Spannungen und kaum Verteilungskämpfe. Alles läßt sich ausgleichen mit dem gepumpten Geld. Wer an der Macht ist, kann damit seine Macht sichern. Irgendwann wird man die Steuern erhöhen. Irgendwann gibt es einen Währungsschnitt. Aber von denen, die jetzt regieren, wird es keiner mehr sein. Und das ist das Wichtigste. Was gehen uns die Haushalte unserer Kinder und Enkel in zwanzig oder dreißig Jahren an?

Was wir heute tun oder unterlassen, hat mit den kleinen Kindern und Enkeln zu tun, die an unserer Hand ihre ersten Schritte gehen. Und ich stelle mir vor, unter welchen Mühen sie leben werden aufgrund der Maßlosigkeit, mit der wir heute verbrauchen, was uns zuwächst und was eigentlich ihr Erbe wäre.

M. K.: Stellen Sie das nicht ein bißchen dramatisch dar?
J. Z.: Durchaus nicht. Denn dazu kommt ja noch ein Zweites: Das ist ein speziell deutsches Problem, das in anderen Ländern, vor allem in der übervölkerten Dritten Welt, nicht gilt. Wir sparen jährlich 40 Milliarden Mark dadurch, daß wir weniger Kinder aufziehen, die wir versorgen und ausbilden müßten. Das kommt unserem Wohlergehen zugute. Wenn diese wenigen Kinder von heute groß sind, werden sie doppelt oder dreimal soviel alte Menschen, nämlich uns, pflegen, versorgen und finanzieren müssen, als wir es müssen.

Man sagt heute mit großer Gelassenheit, die Renten seien sicher bis zum Jahre 2005. Aber niemand redet von dem, was dann kommt, nämlich dem ungeheuren Finanzloch, das unsere Kinder füllen müssen. Sie werden von uns kaum etwas anderes erben als unsere Hypotheken. Aber wer redet davon schon in unserem Land, in dem man so fröhlich auf Pump lebt?

Aber ich bin noch nicht fertig. Es kommt noch ein Drittes dazu. Ich habe meinem Enkel gezeigt, was da aus der Erde wächst an

Frucht und an Brot, wie die Bäuerinnen und Bauern von jeher immer schon mit ihren Kindern und Enkeln ihre Felder abgegangen sind und ihnen erzählt haben, diese Erde werde auch für sie wie für Eltern und Großeltern die Frucht hervorbringen, von der sie leben können.

Ich gestehe, ich habe kaum mehr den Mut, so zuversichtlich meinen Enkeln gegenüber zu sprechen. Weiß ich denn, ob auf diesen Feldern in dreißig Jahren überhaupt noch etwas wachsen wird? Ob das Wasser noch trinkbar sein wird, das aus der Erde kommt? Ob Milch und Kartoffeln noch genießbar sein werden nach all dem Gift, das unsere Generation in die Erde gestreut und gespritzt hat? Ob die Menschen in dreißig Jahren die Luft noch atmen können, die wir ihnen hinterlassen?

Man weiß, daß das Gift, das die Ozonschicht zerstört, sich erst nach fünfzehn Jahren auswirkt. Man hat jetzt beschlossen, die Fluorkohlenwasserstoffe bis zum Jahre 2000 praktisch unvermindert zu verwenden. Was dann in der Luft ist, wirkt unvermindert weiter bis zum Jahre 2015. Man wird also, was heute verboten sein müßte, noch 20 Jahre weitertreiben. Und was dann? Nun, bis dahin amtiert niemand mehr, der heute regiert. Und das ist wohl das Wichtigste. Dann wird niemand haftbar sein.

Mir gehen da die Worte aus. Was erwächst nicht alles aus unserem Wohlstandswahn? Unsere Enkel jedenfalls könnten darauf so antworten, daß sie uns eines Tages verfluchen.

Nach uns die Sintflut – das kann doch nicht das Motto sein, nach dem unsere Generation lebt! Nach uns der Schuldenberg und die Zinslast. Nach uns die Ausbeutung einer zahlenmäßig schwachen Generation zugunsten der Altersversorgung derer, die ihnen ihre Schulden hinterlassen. Nach uns die Zeit, in der die Erde den Menschen nicht mehr bringen kann, was sie zum Essen brauchen. Nach uns die Sintflut, das wäre doch die Gesinnung einer Generation, die ihren Kindern und Enkeln das Leben wegfrißt! – Während ich mit meinem Enkel an einem Getreidefeld entlanggehe, fällt mir das alles ein, und ich weiß nicht mehr, wie ich das Kind um Verzeihung bitten soll für all das, was wir Alten ihm auflasten.

Die Bibel sagt dazu: »Der Segen des Vaters baut den Kindern Häuser.« Wir Heutigen, die sich aus frommen Gedanken nicht mehr viel machen, reißen die Häuser ein, ehe sie gebaut sind.

Wenn ich so etwas vor Gott bringe, kann ich nur noch beten: Erbarme dich, Gott, unserer Dummheit! Unserer Blindheit. Unserer brutalen Eigensucht. Nimm uns endlich unsere faulen Ausreden aus der Hand, damit wir ein wenig nachdenklicher die Hand unserer Enkelkinder fassen können!

M. K.: Sie sind seit zehn Jahren schon im »Ruhestand«. Gibt es etwas, was Sie aus der »Ruhe« bringt?

J. Z.: Ja, eine ganze Menge. Das war etwas vom Vergeblichen in meinem Leben, daß ich mich immer wieder darum bemüht habe, ein geduldiger Mensch zu werden. Der bin ich nicht geworden, der werde ich wohl auch in dieser Welt nicht mehr. Aber ich verlasse mich darauf, daß mich das nicht am Ende um Kopf und Kragen bringen wird. Etwas, das mich aus der Ruhe bringt, ist die Stumpfheit, mit der mancherorts in unserer Welt regiert wird oder gearbeitet oder gedacht oder Journalistik getrieben wird, die Stumpfheit, die nicht sieht, was vorgeht, die nicht aufwacht, die Schläfrigkeit, die Langweiligkeit bringen mich aus der Ruhe, weil wir in einer Zeit leben, in der wir alle Kräfte in Bewegung setzen müßten, wenn wir überleben wollen.

9
Was soll aus der Kirche werden?

M. K.: Die Kirchen bieten heute ein Bild, das zur Trauer Anlaß geben könnte. Mit sich selbst beschäftigt. Abgegrenzt gegen andere. Bemüht, deutlich zu machen, warum sie nicht miteinander denken oder leben können. Was muß mit den Kirchen geschehen?
J. Z.: Das Bild, das unsere Kirchen bieten, ist in der Tat beklagenswert. Anpassungsbereit an die politischen Kräfte dieser Zeit. Bemüht, zu beweisen, es gehe keine Veränderung der Dinge von ihnen aus. Verkuschelt in ihre eigenen Probleme.

M. K.: Müßte dies nicht eigentlich die Zeit sein, in der die Konfessionen enden?
J. Z.: Ganz sicher. Ich glaube in der Tat, daß dies nicht mehr das Zeitalter ist für Konfessionen. Das Konzil, das Zweite Vatikanum, war damals ein Hoffnungszeichen für Millionen Menschen in Europa, nicht nur für Katholiken, sondern auch für uns Evangelische. Jetzt geschieht etwas, dachten wir, jetzt können wir zusammenkommen! Jetzt können die Gemeinsamkeiten formuliert werden! Wir hatten damals gute Freunde, die unter den Konzilsberatern waren, die heute noch unsere Freunde sind, Hans Küng und andere. Das war ein Aufbruch damals! Aber dann kam der Rückschlag, und diesen Rückschlag sehe ich mit großer Trauer. Das bedeutet nicht, daß man aufgeben dürfte. Es bedeutet aber vielleicht, daß das, was an Gemeinsamkeit unter den Christen angestrebt wird, sich mehr auf der unteren Ebene abspielen muß als auf der Ebene der Verhandlungen mit Kirchenleitungen. In der katholischen Kirche sehe ich zur Zeit keine Bewegung. Es sei denn die nach rückwärts. Aber es ist viel Bewegung in den katholischen Gemeinden, landauf, landab. Das ist hoffnungsvoll, und das müssen wir begleiten. In diesem Spiel der Versuche werden wir sehen, was uns denn gemeinsam sei und was wir gemeinsam tun können.

M. K.: Aber wo mögen dann die Gründe dafür liegen, daß nicht nur in den Spitzen der Kirchenorganisationen, sondern auch unter den Menschen in den Gemeinden so hartnäckig an den Konfessionen festgehalten wird?

J. Z.: Heute wird von vielen wieder gerade die klein abgegrenzte Kirche gesucht. Unsere Zeit mit ihren schrecklichen Gefahren und ihrer allgegenwärtigen Zukunftsangst kann vielen den Mut nehmen. Und wie immer in den Epochen, in denen die Angst regiert, bieten sich die Helfer an.

Die gute alte Zeit bietet sich an, in der die Kirche noch der warme Stall war, in dem man überwintern konnte. Da sehnt sich der Protestant nach der Glaubensgewißheit des Vaters Luther, der noch sagen konnte: »Und wenn die Welt voll Teufel wär' und wollt uns gar verschlingen, so fürchten wir uns nicht so sehr, es soll uns doch gelingen.« Da sehnt sich der fromme Bürger nach einer kleinen Gemeinschaft, nach der kleinen Zahl der Geretteten, die, wenn Christus kommt und die gottlose Welt untergeht, in das Paradies einziehen. Volkskirchen sind vielen einfach zu groß und bieten zu wenig Wärme. Anderen ist gerade die große Kirche die Zuflucht. So schaut mancher Katholik nach Rom, wo man noch weiß, wo es langgeht, und schmiegt sich an eine starke Vatergestalt. Und alsbald sind alle anderen, die das eine oder das andere nicht tun, Verlorene, Verirrte, halbe oder ganze Unchristen. Ich verstehe das durchaus. Es ist eine der Schwächen von uns Menschen, daß wir nichts aushalten, was anders ist. Konfessionen, Gruppen oder Sekten entstehen ja nicht so sehr dadurch, daß da irgendwo die einzige und allein richtige Wahrheit aufleuchtet, sondern dadurch, daß man die vielen Farben der einen Wahrheit nicht aushält.

Und da kann man dann die verschiedenen Meinungen hören: Wenn man erst den Papst abgeschafft hätte, dann wäre die Kirche ein Hort der Freiheit. Oder die Gegenmeinung: Wenn alle Ketzer beseitigt wären, könnte man sich wieder in die Kirche einkuscheln. Wenn es nicht diese furchtbaren Theologen in Südamerika gäbe, die an aller Ordnung rütteln, könnten dort die Verhältnisse so schön stabil sein. Wenn es nicht diese vielen ungläubigen Pfarrer gäbe, wäre die Kirche ein Hort des Glaubens. Wenn man alle, die sich nicht dem Papst fügen, auf die Knie zwingen könnte, käme die Welt und deren Moral in Ordnung. (Das ging auch mir selbst gegenüber oft genug bis zu Morddrohungen nach Worten zum Sonntag, aber da man heute keine Scheiterhaufen mehr anzündet, blieb es bei den Tötungswünschen.) Wenn es nicht so viele Kommunisten gäbe, wäre der Mensch frei und glücklich und die Wohlfahrt aller gesichert. Wenn es nicht so viele Kapitalisten gäbe, ginge es in dieser Welt gerechter zu. Wenn es nicht so viele fromme Rechthaber gäbe, wäre die Kirche ein Paradies der Toleranz. Wenn es in der Kirche nicht so viele Spießbürger gäbe, könnte die Kirche die sozialen Probleme der Welt allesamt lösen. Wenn es in der Kirche nicht so viele junge Revoluzzer gäbe, fänden wir in der Kirche wieder die Geborgenheit, die die Kirche uns schuldig ist.

Herr Krauss, zählen Sie einmal zusammen, wer von wem wünscht, es möchte ihn nicht geben. Ich fürchte, es würde am Ende überhaupt niemand übrigbleiben.

M. K.: Vereinfachen Sie hier nicht trotzdem? Sie leisten doch gerade auch Widerstand gegen Meinungen und Haltungen, die Sie aus gutem Grund für schädlich halten.

J. Z.: Die Frage ist aber, wie man mit den Menschen umgeht.

Es ist, seit es Menschen gibt, noch nie ein Problem gelöst worden auf die Weise, daß man die Falschdenkenden ausgerottet hat. Wenn man etwa in der Kirche Menschen zu Ketzern erklärte, zu Schwärmern, zu Ungläubigen, zu Verrätern oder Irrenden oder verlaufenen Schafen, dann hat man in der Regel später, wenn sie tot waren, erkannt, daß sie gerade besonders wichtig gewesen waren und daß gerade sie einen besonders deutlichen Auftrag gehabt hatten. Nur konnte man sie dann nicht mehr um Verzeihung bitten.

Das Gesetz Christi, das für die Kirche gilt, gilt im Grunde für die ganze Schöpfung. Wenn wir heute »Schädlinge« ausrotten und am Ende eine Monokultur des Menschen auf dieser Erde anstreben, dann werden wir am Ende nicht eine schönere, sondern eine ärmere Welt haben, eine Welt, die auf ihre Verödung programmiert ist, wenn eine Welt nach menschlichen Plänen schließlich überhaupt noch lebensfähig sein sollte.

Als junger Student, als ich eben aus der Kriegsgefangenschaft nach Hause gekommen war, 1946, habe ich die erste ökumenische Eucharistiefeier miterlebt. Ein orthodoxer Bischof, ein römisch-katholischer Abt und ein evangelischer Kirchenpräsident zelebrierten miteinander. Das ist nun fast 50 Jahre her. Es war ein Osterfest, und wir erlebten diese Feier wie eine Auferstehung nach dem Ende der alten Konfessionsgeschichte.

Inzwischen haben wir in allen unseren Kirchen in mühevoller Kleinarbeit versucht, für die Gemeinschaft, für das Verstehen, für gemeinsames öffentliches Verantworten unter Christen den Boden zu bereiten, ohne das große Wort von der Una Sancta Ecclesia dabei immer im Munde zu führen.

Heute setzt sich jeder wieder auf seinen angestammten Stuhl. Heute stabilisieren sich wieder die konfessionsspezifischen Theologien. Heute ruft man diejenigen, die nicht die Traditionen, die in ihrem konfessionellen Rahmen zu respektieren sind, mit genügender Sorgfalt beachten, zur Ordnung.

Ich fürchte, wenn es die organisierten Konfessionen sind, die sich öffnen und zusammenwachsen sollen zu einer Kirche, dann werden wir lange warten. Das Sitzfleisch und das Stehvermögen werden stärker sein.

M. K.: Das klingt recht pessimistisch.

J. Z.: Es könnte geschehen, daß wir, die wir den Leib Christi und das heißt die eine, heilige Kirche suchen und erbitten, von den Konfessionen eines Tages nichts mehr erwarten. Daß wir eines Tages anfangen, nicht mehr nach dem zu suchen, was die Konfessionen verbindet, sondern nach dem, was den Konfessionen voraus liegt: nämlich nach der einen, der wirklichen Kirche. Es könnte geschehen, daß wir in den Konfessionen eines Tages nur noch Überbleibsel, fossile Reste einer historischen Entwicklung sehen, über die die Geschichte nicht nur der Menschheit, sondern eben auch die Geschichte des Glaubens hinweggegangen ist.

Vielleicht werden wir eines Tages wiederentdecken, daß die Kirche im Neuen Testament auch das »wandernde Gottesvolk« genannt wird. Und vielleicht werden die, die Christus meinen, wenn sie Kirche sagen, ihrem Herrn auf offenem Feld entgegengehen. Dem Herrn immerhin, der auf dieser Erde nicht hatte, da er sein Haupt hinlegte. Vielleicht werden wir eines Tages in unseren Konfessionen nicht mehr zuhause sein und, das ist noch wichtiger, vielleicht werden wir ihrer auch nicht mehr bedürfen.

Das Zeitalter der Konfessionen ist vorbei. Es geht um das, was den Konfessionen vorausliegt. Ich sage das vor dem Hintergrund einer weltweiten Entwicklung, die nach Meinung von Kennern darin besteht, daß in Zukunft an die Stelle der konfessionellen Gliederung der Kirche eine weltweite Gliederung nach Ländern und Kulturkreisen treten wird.

M. K.: Wie wird das aussehen?

J. Z.: Das wird etwa so aussehen, daß zwischen einer katholischen Kirche in Europa und einer katholischen Kirche in Südamerika größere Differenzen im Verständnis des Glaubens und der praktischen Frömmigkeit herrschen werden als zwischen den Konfessionen in Europa. Alle Weltkirchen und konfessionellen Weltbünde stehen vor diesem Problem interkultureller Differenz. Und alle stehen sie in Zukunft vor der Aufgabe, die tradierten Konfessionsdifferenzen, die künftig eine Forschungsaufgabe für die christliche Paläontologie sein werden, zu überwinden.

Ich rede nicht von übermorgen. Wer Augen hat, kann es heute schon sehen. Und wenn wir morgen die richtigen Schritte tun wollen, müssen wir heute darüber sprechen.

M. K.: Und was tun wir mit Menschen, die aus ihren Konfessionen nicht herauswollen?

J. Z.: Daß die Zeit der Konfessionen vorbei ist, bedeutet keineswegs, daß das Gespräch mit irgend jemandem, der sich einer Konfession verpflichtet weiß, abreißen dürfte. Für den, der das System der Konfessionen hinter sich läßt, gibt es auf dem Felde des Glaubens keine Gegner mehr.

Wir werden also nicht in die Opposition gehen, sondern das Evangelium allen denen zusprechen, die seiner bedürfen. Und das kann auch einmal ein prominenter Christ sein, ein Kirchenführer, ein Bischof, dessen irrendes Gewissen sich dem wandernden Gottesvolk in den Weg stellt. Er ist nicht unser Gegner, sondern unser Bruder. Und er bedarf ebenso unserer Liebe, wie er unserer Freiheit bedarf.

M. K.: Und was kann der einzelne Christ dazu tun?

J. Z.: Ich würde gerne Christen erleben, die, wo immer sie leben und wirken, den Mut haben, ihre Stimme zu erheben, weil sie von Gott die Gabe der Freiheit haben. Denn Spiritualität, geistliches Leben, das ist ein Leben, das bezeugt, daß seine Freiheit aus Gott ist. Spiritualität ist Freiheit, die auf ihren Ursprung verweist. Freiheit ist eine geistliche Kraft, die sich von selbst ausbreitet, wo sie ist. Sie ist eine Gabe des Geistes Gottes, wie das Wort freier Menschen im Namen Gottes und die freiwillige Hingabe Gaben des Geistes sind.

Darum auch redet der evangelische Glaube vom Priestertum aller Gläubigen, das heißt: Er redet von der unmittelbaren, durch keine Hierarchie vermittelten Offenheit des Glaubenden für den Geist Gottes und von der durch keine Hierarchie reglementierten Kraft, stellvertretend für Gott in dieser Welt zu wirken. Inspiration und Stellvertretung sind nach dem Evangelium nicht an ein Amt, sondern an den Glauben gebunden, und zwar den Glauben von Frauen und Männern im selben Sinn und Maß. In beidem sind uns auch der Papst und jeder Bischof und jeder Priester und jede Ordensfrau Bruder und Schwester, und wir wünschen uns, daß es uns mit den Christen aller Kirchen zusammen gelingen möge, unsere Gedanken dem Geist Gottes zu öffnen und Gott in dieser

Welt glaubwürdig zu vertreten. So, daß am Ende »alle eins sind«. Nichts braucht die Welt von uns dringender.

M. K.: Aber warum, wenn das doch eigentlich einfach scheint, stehen dann die Konfessionen so fest und abwehrbereit?

J. Z.: Das Ziehen von Grenzen, das Errichten und Bedienen von Schlagbäumen gehört offenbar zu den Grundbedürfnissen des verängstigten Menschen. Daß da rundum Grenzen sind, macht die zu große Welt kleiner und bewohnbarer. Daß einer dasteht und die Grenze bewacht, wirkt beruhigend. Daß er eine Uniform trägt, die zeigt, welchem Herrn er dient, gibt der Grenze den Sinn, der ihr sonst abginge. Und vor allem: Klar ist, daß drüben über der Grenze immer die Bösen wohnen. Daß da hüben die eine Fahne hängt und drüben die andere, das klärt alle Fragen und macht alles Nachdenken überflüssig.

Wir, die Evangelischen, haben die Wahrheit des Evangeliums, die Katholiken drüben haben sie nicht. Wir, die Katholiken, haben die Sukzession, die das Amt eines Pfarrers zu einem wahren Amt macht, die drüben, die Evangelischen, haben sie nicht. Wir, die Evangelischen, haben das wahre Abendmahl in beiderlei Gestalt, die drüben haben es nicht. Wir, die Katholiken, haben die wirkliche Gegenwart Christi in der Messe, die anderen, drüben, haben sie nicht. Und schon stehen die Mauern, die Zäune, die eisernen Vorhänge, die allesamt wichtiger sind als die gemeinsame Wahrheit. Da hält man noch immer dogmatische Fixierungen fest, auch wenn man weiß, daß sie gegen das Evangelium sind. Und hier sage ich mit allem Ernst: Man kann heute wissen, auf welche Weise immer wieder Konfessionen, Sonderkirchen oder Alleinvertretungsansprüche für Gott entstehen. Man kann wissen, daß ihnen oft genug Blindheit für das Gemeinsame zugrunde liegt, Leugnung des Gemeinsamen, und daß ihr Ursprung meist nicht in der Liebe zur Wahrheit, sondern vor allem anderen in Rechthaberei, und das heißt Sünde lag und liegt.

Gott läßt sich nun einmal nicht ernsthaft auf Konfessionen eingrenzen. So wenig Gott sich in Anspruch nehmen läßt für vaterländische Feiern oder als Bundesgenosse in irgendwelchen Kriegen, so wenig für religiöse Sonderwünsche, Sonderansprüche und Sonderdogmatiken. Der Gott, an den ich glaube, ist nicht der, mit dem Kirchenführer so oder so ihren Alleinvertretungsanspruch für Gott im Namen ihrer Konfession festschreiben. Der Konfessionsgott ist ein Götze.

Ich bin gegen jeden Konfessionalismus auch deshalb, weil er Wahrheit behauptet, indem er für seine Spezialwahrheit Krieg führt. Aber Wahrheit ist kein Knüppel, mit Wahrheit schlägt man nicht zu. Mit Wahrheit schießt man nicht. Wahrheit ist ein Licht. Wahrheit macht frei. Wahrheit ist, wo der Horizont weit und frei ist, wo die Probleme dieser Erde transparent werden, wo das Leid der Menschen gesehen wird und die Angst sich löst. Jedenfalls die Wahrheit, die Christus heißt.

Die Wahrheit ist keine Mauer. Sie trennt nicht. Sie ist ein Weg oder eine Brücke. Die Wahrheit verkündigen heißt, über eine Brücke zu anderen Menschen hinüberzugehen.

Deshalb liegt mir, was die heutige kirchenpolitische Entwicklung betrifft, gar nichts daran, ob sich eine bestimmte Theologie oder eine bestimmte kirchenpolitische Richtung durchsetzt, wohl aber daran, daß zwischen den Theologen das Gespräch nicht abreißt und die kirchenpolitischen Konzeptionen durch wechselseitige, geduldige Prüfung sich zu einem gemeinsamen öffentlichen Reden und Handeln der Kirchen hinkorrigieren. Daß wir statt unseren massiven Vergangenheiten unsere gemeinsame Zukunft entdecken. Denn wir kommen immer noch von viel zuviel her und gehen auf viel zuwenig zu.

M. K.: Wird sich dabei nicht auch im Verhältnis zu anderen Religionen etwas sehr Grundsätzliches ändern müssen?

J. Z.: Ohne Zweifel. Wir können doch auch in einen buddhistischen Tempel gehen oder in einen Shintoschrein, dort zu Gott beten und der Nähe des Christus gewiß sein, auch wenn dort Menschen ganz anderer Glaubensüberzeugungen versammelt sind.

Unser Verhältnis zu den fremden Religionen könnte sich heute ändern. Ich saß einmal mit dem Dalai Lama zusammen zu Tisch. Ich war mir klar darüber, daß ich auf keine Weise das Recht hätte, ihm zu sagen: Du bist auf dem Holzweg, sondern nur: Was mir von dir entgegenkommt, muß auf irgendeine Weise, die ich nicht erklären kann, mit dem Geist Gottes zusammenhängen. Wenn ein Araber zu Allah betet, dann mag seine Vorstellung von Gott, wie wir meinen, falsch sein, aber wen erreicht er denn? Wer hört ihm zu? Das kann doch nur der wirkliche Gott sein, der auch unsere Gebete hört. Unsere Vorstellungen von Gott sind es doch nicht, zu denen wir beten! Sonst käme auch unter uns Christen mancher an die falsche Adresse.

M. K.: Dann ist Ihnen an unserem Verhältnis zu fremden Religionen vor allem das wichtig, was uns mit ihnen gemeinsam ist.
J. Z.: Ganz sicher. Vor allem aber ist mir zunächst einmal wichtig, was uns mit anderen Konfessionen der christlichen Kirche gemeinsam ist. In der Theologie hat man bisher fast immer Wert darauf gelegt zu betonen, was uns trennt. Aber im Grunde ist uns viel mehr gemeinsam als uns unterscheidet.

M. K.: Was ist das?
J. Z.: Nun, das kann ich in der Kürze nicht ausbreiten, aber ich will andeuten, was ich meine:

Wir haben zunächst eine gemeinsame Taufe. Am Anfang unseres Lebens oder am Anfang unseres Christseins steht das große Zeichen für den Tod und die Auferstehung aus dem Tod. Wir werden eingetaucht in den Tod Christi und zum Zeichen der Auferstehung aus der Taufe gehoben, wie wir sagen. Wir empfangen das Leben, das hiesige und das ewige. Mit der Taufe werden wir in die Kirche aufgenommen. In die eine heilige Kirche, die besteht und immer bestehen wird, unabhängig von allen Organisationen und ihren Besonderheiten. Man muß sich einmal klarmachen, wieviel das ist: Das große Zeichen des Lebens, die Taufe, und das große

Zeichen einer unsichtbaren Gemeinschaft, die Kirche, sind uns gemeinsam.

M. K.: Aber von hier aus trennen sich die Wege meist.
J. Z.: Nein. Sie gehen noch ein ganzes Stück gemeinsam. Wir haben zum Beispiel eine gemeinsame Quelle unserer Erkenntnis und unseres Glaubens: die Heilige Schrift. Früher mag hier ein Unterschied gelegen haben in der Wertung, die die Bibel erfahren hat. Aber das ist lange her. Ich kenne viele führende katholische Theologen, die in der Bibelwissenschaft tätig sind, und sehe nirgends mehr einen Punkt, an dem ihre Auslegung biblischer Schriften anders vonstatten ginge oder zu anderen Ergebnissen führte als die unsre. Auch die zentralen Stellen der Bibel, die Luther seinerzeit gegen die katholische Theologie ins Feld führte, werden heute auf katholischer Seite ausgelegt genau wie bei uns. Vieles, was in der Reformationszeit zur Trennung geführt hat, darf man heute getrost vergessen: Daß wir gerechtfertigt werden ohne des Gesetzes Werk durch den Glauben, durch die Gnade Gottes, aufgrund der Heiligen Schrift – wie die Kampfrufe des 16. Jahrhunderts gelautet haben – sind keine Kampfrufe mehr, sondern gemeinsames Bekenntnis beider Kirchen. Und das ist sehr viel.

Wir haben ein gemeinsames Bild von Gott, wie es durch die Gestalt und das Wort Jesu bestimmt ist. Wir schauen in Christus zugleich das Bild des Menschen und das Bild Gottes. In Christus sehen wir gemeinsam unseren Meister und unseren Bruder, und in ihm offenbart sich Gott als unser Vater im Himmel. Wenn unter evangelischen und katholischen Christen von Gott die Rede ist, dann sind die Unterschiede zwischen evangelischen und katholischen Gedanken nicht größer als die zwischen Menschen innerhalb unserer eigenen evangelischen Kirche.

Wir haben dasselbe Bild vom Volk Gottes. Von dem wandernden Volk, das seinen Weg durch die Weltgeschichte geht, das grundsätzlich in Bewegung ist, ohne sich irgendwo fest anzusiedeln. Das seinen festen Ort erst finden wird, wenn es an seinem Ziel ankommt, in Gottes Reich. Und alles, was in unseren Kirchen diesem Bild widersprechen mag, betrifft uns gemeinsam auf allen Seiten. Was die Verfestigungen betrifft, die Verholzungen, das Bedürfnis nach Seßhaftigkeit, das ist uns auf allen Seiten hinreichend vertraut.

Wir glauben an denselben Geist Gottes, der sein Volk auf dem Weg begleitet, erfüllt, vorwärts bringt und ihm immer neu die Wahrheit eröffnet. Und wie sollten wir, wenn das so ist, nun von uns aus Trennungen festhalten und den Geist Gottes teilen in einen katholischen, einen evangelischen und womöglich noch in einen Geist, der den vielen Gruppen und Denominationen zuzuordnen wäre?

Endlich ist uns gemeinsam, was wir auf dieser Erde tun können. Wir wenden uns gemeinsam gegen den Geist dieser Zeit, diesen Geist des Machens und des Verbrauchens, den Geist der Selbstdurchsetzung und der Rücksichtslosigkeit, den Geist der Phrasen und der Ausreden. Wir lehnen es ab, daß man das Ich des anspruchsvollen Menschen für das Wichtigste auf dieser Erde hält. Wenn es in dieser Welt noch Liebe für die Behinderten gibt, Hingabe für die Leidenden, Begleitung und Tröstung von Sterbenden, Mitdenken für die, die am Rand stehen, Hilfe für die Hilflosen, dann auch deshalb, weil es noch Christen gibt. Weil es noch Menschen gibt, die bereit sind, auch einmal auf ein Recht zu verzichten, auf eine Freiheit, auf einen Erfolg. Wenn also die Welt der Menschen eine Welt ist, in der man leben kann, dann auch deshalb, weil es Christen gibt. Und in dieser Aufgabe brauchen wir nicht mehr zusammenzuwachsen, da sind wir längst beieinander und tun unsere gemeinsame Arbeit für die, die zu leiden haben unter dem Geist unserer Zeit oder unter ihrem Schicksal oder unter den Folgen ihres Tuns. Und das wird für eine künftige Kirche eines ihrer wichtigsten Merkmale sein.

Ich habe im Lauf meines Lebens mit vielen Amtsbrüdern aus der katholischen Kirche oder aus den Freikirchen über vieles geredet und habe immer gefunden, daß uns bei weitem mehr verbindet, als uns trennt, und daß das Verbindende wächst, wenn es uns wichtiger ist als das Trennende. Was uns aber in der einen oder anderen Kirche fremd ist, das darf getrost respektiert und toleriert werden.

M. K.: Das ist mit bemerkenswert viel Wohlwollen formuliert. Aber es gibt doch noch immer eine Menge, die uns gründlich unterscheidet. Kann man über die Institution des Papsttums, über Priesteramt und Eucharistie so einfach hinweggehen?

J. Z.: Das kann man natürlich nicht. Aber zunächst ist uns noch etwas anderes gemeinsam: nämlich die Zukunft, die auf uns zukommt. Die geht uns auf der ganzen Linie gemeinsam an.

Mir scheint, wir gehen auf eine Zeit zu, in der die Kirche kleiner wird. Mir scheint, die Kirche, seit 1600 Jahren ein Instrument zur Volkserziehung in ganzen Staaten, ein Instrument, das den Staat unterstützt und vom Staat unterstützt wird, wandle ihre Funktion. Die Volkskirche wird übergehen in eine kleinere Kirche. Zu Großvaters Zeiten gehörte es zum guten Ton, ein Christ zu sein und ein Staatsbürger zugleich. Heute trennt man das mehr und mehr, und man findet, das habe wenig miteinander zu tun. Und so gehört es sich auch nicht mehr so selbstverständlich, zu einer Kirche zu gehören. Also tritt man aus. Unsere großen Volkskirchen bestanden schon bisher praktisch aus einem kleinen Kern, sie werden künftig deutlicher als bisher aus diesem kleinen Kern bestehen. Und das ist kein Unglück, sondern ein Schritt auf dem Weg zur Redlichkeit.

Etwas Zweites: Mir scheint, wir gehen auf eine Zeit zu, in der die Kirche ärmer wird. Auch das ist kein Unglück. Das Kirchensteuersystem wird wohl noch einige Jahrzehnte bestehen, dann wird es fallen. Aber warum soll eine Kirche ohne Kirchensteuersystem nicht leben können? Fast alle Kirchen dieser Welt leben ohne staatlichen Kirchensteuereinzug. Manchmal warten die Pfarrer in irgendwelchen ärmeren Ländern ein halbes Jahr auf ihr Gehalt, weil ihre Kirche pleite ist. Aber sie können das, weil ihre

Gemeinden inzwischen zusammenlegen. Sie bauen keine prächtigen Kirchen und Gemeindehäuser, aber sie feiern ihre Gemeinschaft hin und her in ihren Häusern und sind dabei eine glaubwürdige christliche Kirche. Auch unsere Kirche wird künftig von denen leben, denen sie wichtig ist. Und wenn es die nicht gibt, dann ist auch die Kirche entbehrlich geworden.

Ein Drittes: Mir scheint, wir gehen auf eine Zeit zu, in der die Lebensformen auch in der Kirche sehr verschieden sein werden. Eine gemeinsame christliche Sitte wird es wohl kaum mehr geben. Es war Sitte, die Kinder kurz nach ihrer Geburt zu taufen. Es war Sitte zu heiraten, wenn man zusammenleben wollte. Heute tun das viele nicht mehr. Leute meiner Generation stört so etwas. Auch mich hat es lange gestört. Aber inzwischen fängt man bei uns in Württemberg an, einen Gottesdienst zu entwerfen für die, die sich erst trauen lassen, wenn schon Kinder zu taufen sind. Man macht aus Trauung und Taufe im lockeren Jargon die Traufe. Warum nicht? Vielleicht ist es wirklich ein Weg? Vom Regen draußen in die Traufe drinnen. Und so werden in vielen Dingen nach dem Ende verbindlicher Sitten neue Wege zu suchen sein.

Ein Viertes: Mir scheint, wir gehen auf eine Zeit zu, in der anstehende Entscheidungen in den Kirchen anders getroffen werden müssen als bisher üblich. Die Welt war bisher einfacher, als sie heute ist und künftig sein wird. Was früher einzelne große Repräsentanten der Kirche sehen und entscheiden konnten, werden sie künftig weder sehen noch entscheiden können. Es gibt heute schon Beispiele für führende Christen, die einfach nicht mehr sagen können, wohin die Reise wirklich gehen wird. Es wird der Augen vieler bedürfen und der Gedanken vieler, damit eine Kirche heute ihren Weg findet. Das bedeutet mit Sicherheit, daß die Strukturen von Autorität und Unterordnung in der künftigen Kirche eine geringere Rolle spielen werden als in der heutigen. Ich meine, der Erfahrungsaustausch zwischen den Gruppen rechts und links, zwischen den Autoritätsschichten oben und den Menschen unten wird intensiver werden. Die Begabungen der vielen, der einzelnen, die Geistesgaben, die der Gemeinde verliehen sind, werden den gemeinsamen Weg stärker bestimmen. Das Wort vom allgemeinen Priestertum der Laien wird sich ergänzen lassen müssen durch das Wort vom allgemeinen Laientum der Priester. Denn das Wort »Laie« kommt von Volk. Wer zum Volk Gottes gehört, ist ein Laie. Vielleicht werden wir öfter einmal sagen müssen: Wir sind das Volk.

Ein Fünftes: Mir scheint, daß die öffentliche Bedeutung der Kirche abnehmen wird. Die Kirchen gehören heute noch zu den großen Verantwortungsträgern in Staat und Gesellschaft. Sie sind Körperschaften des öffentlichen Rechts und haben Anspruch auf Mitbestimmung und Mitrede. Aber ich meine, diese Zeit neige sich, auch in Deutschland, ihrem Ende zu. Das Evangelium hat von sich aus keinen Öffentlichkeitsanspruch, wenn der, der es hört, es nicht hören will. Das Leben und Wirken der Kirche wird sich bald auch bei uns in sehr viel verborgenerem, privaterem Rahmen abspielen, und die Kirche wird dabei nicht weniger bei ihrer Sache sein.

M. K.: Wie stehen Sie zum Feminismus? Hat er etwas mit der Zukunft der Kirche zu tun, oder ist er eine Modewelle wie viele andere?

J. Z.: Er ist alles andere als eine Modewelle. Ich habe übrigens überhaupt kein Problem mit ihm. Ich halte es für selbstverständlich, daß die Frauen ebenso wie die Männer unabhängig denken, daß sie ihren freien Entscheidungen vertrauen, daß sie öffentliche Ämter wahrnehmen wollen, daß sie sich zuständig fühlen wie die Männer in allen Belangen des Lebens, und ich halte es für selbstverständlich, daß es keine Abstufungen gibt oder geben sollte zwischen Mann und Frau. Warum sollen Frauen keine Kirchen leiten? Warum sollen sie nicht in der Kirche dasselbe Recht haben zu lehren wie die Männer? Manchmal faßt mich das ganze Elend einer in vergangenen Denkmustern festgefahrenen Kirche an, wenn man wieder einmal Leute antrifft, die die Frau als zweitrangig ansehen und ein Bischofsamt, das von einer Frau wahrgenommen wird, für »unbesetzt« erklären. Es ist meistens ein gutes Stück Dummheit, mindestens Borniertheit mit solchen Meinungen verbunden. Frauen sind Menschen. Männer sind Menschen. Das ist doch einfach und klar. Wie komme ich dazu, zwischen ihnen irgendwelche Abstufungen vorzunehmen?

Mir scheint jedenfalls, die einseitige Herrschaft der Männer ende in unseren Tagen, auch in der Kirche. Längst zeichnet sich ab, daß am Ende des 2. Jahrtausends die sechstausend Jahre alte Herrschaft der Männer über die Frauen zu Ende geht. Das hat zunächst nichts mit der Kirche zu tun. Es ist ein allgemeiner Kultureinschnitt. Wohl aber ist die Herrschaft der Männer in der Kirche eine Begleiterscheinung der alten allgemeinen Kultur, in der die Kirche gelebt hat und die mit dem Evangelium nichts zu tun hat. Man kann das ignorieren, aber eben nur um den Preis, daß man die Stunde, in der man lebt, verkennt. In der Zukunft wird, das ist etwas vom Gewissesten, das wir heute sehen, in der Kirche nichts mehr ohne die Frauen gehen. Es hat in der evangelischen Kirche erbärmlich lange gebraucht, bis man das begriffen hat, und es wird in der katholischen noch ein paar Jahre länger brauchen. Aber das Pfarramt oder Priesteramt der Frau wird in allen Kirchen irgendwann kommen. Es fragt sich nur, ob man das Künftige verhindern will, und was geschieht, wenn man es zu verhindern sucht. Und niemand soll meinen, dies sei allein ein katholisches Problem. Es sitzt auch noch in vielen evangelischen Köpfen.

M. K.: Wo sagt die Bibel etwas über das gleichberechtigte Amt der Frau?

J. Z.: An zwei sehr bedeutenden Stellen, die immer noch nicht entdeckt worden sind von denen, die die Frauen in der Gemeinde schweigen lassen wollen.

Die beiden ersten Menschen, von denen das Evangelium sagt, sie seien voll Heiligen Geistes gewesen, waren zwei Frauen. Maria und Elisabeth. Wie will man nach dem noch daran zweifeln, ob einer Frau der Geist Gottes verliehen sein könne? Und ist nicht der Geist Gottes der Ursprung, die Kraft und die Würde des Amtes? Die ersten drei Menschen, die die Auferstehung Christi verkündigten, waren drei Frauen. Wie will eine Kirche, die dies weiß, den Frauen das Amt verweigern, das in Wort und Sakrament die Auferstehung Jesu Christi verkündigt?

Aber vom Feminismus abgesehen: Die Zukunft ist auch in verschiedenen anderen Entwicklungen gemeinsam. Man könnte sagen: Die Erde wird zur Zeit runder. Die Religionen der Erde rücken nebeneinander. Sie finden gleichermaßen Interesse in vielen verschiedenen Ländern, auch bei uns ist das Interesse an fremden Religionen unübersehbar. Wir werden in ein dichtes Gespräch eintreten müssen mit allen Formen menschheitlicher Religiosität. Und zwar, ohne sie zu disqualifizieren. Wir können doch unsere Überzeugung festhalten, auch wenn wir andere Überzeugungen und Erfahrungen nicht herunterstufen. Zudem bin ich überzeugt, daß ein Hindu vom Christentum mehr begreift, wenn ich nicht mit dem Anspruch auftrete, ich hätte auf dem Gebiet der Wahrheit das alleinige Sagen. Mission wird heute eine Mission im Gespräch sein, und zwar in einem Gespräch, daß die Würde des Andersglaubenden achtet.

Die Erde wird auch in einer anderen Hinsicht runder. Der Friede auf der Erde wird in einem ganz anderen Maß auch zu einer Aufgabe der Kirche werden als bisher. Wir werden ihm dienen in weit größerer Unabhängigkeit von den Interessen unseres Staates oder anderer Staaten. Und wir werden neue Formen unseres Eintretens für den Frieden finden müssen. Da gibt es bereits beachtliche Anfänge.

Die Gerechtigkeit auf dieser Erde wird zu einer der zentralen Aufgaben der Kirche werden müssen. Und auch hier werden wir viel unbekümmerter auch gegen unsere eigenen deutschen wirtschaftlichen Interessen denken und reden und handeln müssen als bisher.

M. K.: Sie haben inzwischen sehr vieles erwähnt, das den Kirchen gemeinsam ist. Aber ist nicht das Unglück dies, daß an entscheidenden Punkten der kirchlichen Lehre und Praxis harte Gegensätze stehen und daß noch keine Wege gefunden sind, mit ihnen umzugehen? Ich frage noch einmal: Was tun Sie mit dem Papstamt, mit der Priesterweihe oder der Eucharistie?
J. Z.: Das sind in der Tat Punkte, die zunächst einmal unüberwindbar sind. Aber bitte, Sie dürfen nie verkennen, daß ich sage: Wir müssen das Gemeinsame finden, und nicht: Wir müssen eine einzige Kirche werden! Warum soll es nicht eine christliche Kirche geben, die sich einem Papst unterstellt, und eine andere, die das nicht tut? Es fragt sich doch nur, ob unser Horizont weit genug ist, daß so sehr verschiedene Vorstellungen und Lebensformen in ihm Raum haben.

M. K.: Aber noch einmal: Ich frage Sie, nur als ein Beispiel: Wie gehen Sie mit der Eucharistie um?
J. Z.: Ich will hier nicht nach Erklärungen suchen für die schreckliche Parzellierung der Eucharistie in den letzten Jahrhunderten. Ich will auch der einen oder anderen Kirche keine Schuld zuweisen. Sie meinen sicher alle, es der Wahrheit schuldig zu sein. Aber da konnten nun Lutheraner und Reformierte nicht miteinander an denselben Tisch treten, Protestanten und Katholiken nicht, und Sekten und Freikirchen hatten und haben je ihre eigenen Bedingungen, unter denen Abendmahlsgemeinschaft möglich sein soll.

Ich frage mich nur, wer das Maß gibt für das Trennende und das Gemeinsame. Wenn es unsere Interpretation des eucharistischen Geschehens sein soll, das heißt unsere Theologie, unsere Lehren und unsere Traditionen, dann ist es im Grunde unser Kopf, der das Maß gibt. Wie kommt unser kleiner Kopf dazu, das Maß zu sein?

Ich will niemandem seine besondere Liebe zu je einer bestimmten Form der Eucharistie nehmen. Ich will auch nichts erzwingen an Gemeinschaft, die es noch nicht gibt. Aber für mich gibt es keine Vorbehalte und keine Grenzen der Abendmahlsgemeinschaft. Ich persönlich feiere seit vielen Jahren das Abendmahl mit jedem Mann und jeder Frau, die es mit mir feiern wollen, und frage nicht nach der Konfession. Ich feiere manchmal mit meinem katholischen Ortskollegen zusammen in seiner Kirche die Messe, und ich feiere das evangelische Abendmahl mit jedem Katholiken, der zu mir kommt. Und wenn ich bedenke, daß Jesus seine Mahlzeiten mit Außenseitern, mit »Zöllnern und Sündern« gefeiert hat, warum soll ich dann das heilige Mahl nicht auch mit Menschen feiern, die überhaupt keiner Kirche angehören – wenn sie es denn ernsthaft wollen?

Wichtig ist dabei freilich, daß wir wissen: Wir nehmen damit etwas vorweg in einem prophetischen Sinn. Wir üben damit etwas ein, von dem wir hoffen, daß es eines Tages kommt. Es darf keine Rechthaberei darin liegen. Was einem anderen heilig ist, kann nicht Mittel einer Demonstration oder der Polemik sein. Die Überwindung der eucharistischen Spaltung erhoffe ich mir von einem Weg, der noch vieler Gedanken und Gespräche bedarf. Aber zu ihr führen nebeneinander zwei Wege: der Weg des gemeinsamen Nachdenkens und der Weg der gemeinsamen Einübung. Vielleicht wird man bei den Oberen unserer Kirche dazu länger brauchen als an der Basis, aber das muß nicht bedeuten, daß ihnen weniger daran liegt als uns kleinen Leuten.

Aber nichts wird sich ändern, wenn wir nichts dazu tun. Einfach zu warten und alles beim alten zu lassen, hilft nicht. Christus wollte, daß die Seinen an einem Tisch sitzen. Und wir gehorchen diesem Willen unseres Herrn, wenn wir, geduldig und behutsam, aber frei und sehr entschieden in die Zeit vorausgehen, in der seine Kirchen seinen Willen erfüllen werden. Vielleicht hilft ein solches Vorausgehen auch auf anderen Feldern zu einem neuen, gemeinsamen Nachdenken.

M. K.: Gibt es irgend etwas in der katholischen Kirche und Lebenspraxis, das wir Evangelischen lernen könnten, um unsererseits dem Gemeinsamen näher zu kommen?

J. Z.: Wenn sich eine Kirche aufspaltet, wie es im 16. Jahrhundert geschehen ist, pflegt auf der einen Seite das eine zu bleiben, auf der anderen Seite das andere. Wir haben zum Beispiel in unserer evangelischen Kirche von jeher die Schrift in Gegensatz gestellt zur Tradition der Kirche. »Allein die Heilige Schrift« war einer der Kampfrufe der Reformation. Dabei hat man aber übersehen, daß über die Schrift in allen Jahrhunderten nachgedacht worden ist und daß die Tradition aus Gedanken über die Heilige Schrift besteht. Daß auch die Reformation eine Tradition begründet hat, die bis heute maßgebend ist. Und vor allem, daß auch die Heilige Schrift während tausend Jahren geschrieben wurde als ein Bericht über das, was zwischen Gott und seinem Volk in dieser ganzen langen Zeit geschehen ist und was selbst eine große Tradition war. Wenn ich heute über die Heilige Schrift nachdenke, denke ich in den Gleisen der Tradition, in der meine Kirche steht oder meine Familie oder ich selbst. Und woran wollen wir unsere kurzatmigen Einfälle prüfen, wenn nicht an der langen Geschichte christlicher Gedanken und Erfahrungen?

Die Reformation hat die Freiheit des Christenmenschen entdeckt. Ihre Gefahr war von Anfang an der uneingeschränkte Individualismus des geistlichen Lebens. Es ist dabei viel zerstört worden an kommunitären Lebensformen, in Klöstern und außerhalb ihrer. Wir können heute nicht mehr zurück hinter die Entdeckung der Freiheit des Gewissens und das Menschenrecht, ein Einzelner zu sein, wie sie sich in der Neuzeit vollzogen hat. Bloßer Gehorsam geht nicht mehr. Aber vielleicht lernen wir heute von unseren katholischen Schwestern und Brüdern, was der Sinn des gemeinsamen Lebens ist, eines gemeinsamen Stils, einer gemeinsamen Lebensordnung, gemeinsamer Lebensziele. Das Aufkommen der evangelischen Kommunitäten in den letzten fünfzig Jahren ist ein Zeichen, das wichtig werden wird. Ich habe selbst eine Base, die

Generaloberin einer Dominikanerinnen-Kongregation ist, mit der ich die Probleme ihres Ordenslebens oft besprochen und bedacht habe. Und ich habe viel dabei gelernt. Und vielleicht werden wir den Segen offener, aber intensiver Gemeinschaften quer durch unsere Kirchen erst noch entdecken müssen.

Und es werden uns noch mehr Felder solchen Lernens des einen vom anderen aufgehen, sobald wir anfangen, eines davon zu begehen.

M. K.: Sie glauben also an eine innere und auch äußere Annäherung der Konfessionen?

J. Z.: Ich möchte mir diese Zuversicht nicht gerne nehmen lassen. Ökumenisches Nachdenken beginnt mit einer Art geistiger Sensibilität für das Kommende. Diese Feinfühligkeit ist eine nüchterne und keine verträumte Sache. Sie setzt Sachkenntnis und Zeitnähe voraus. Aber sie geht davon aus, daß Gott ist. Sie horcht, wie man horcht, wenn dieser Gott ein sprechender Gott ist. Sie sieht in die Welt, wie man in die Welt sieht, wenn Gott ein schaffender Gott ist. Sie denkt, wie man denkt, wenn die Gedanken Gottes nachgedacht werden können.

Sie geht davon aus, daß Christus lebendig gegenwärtig ist, auch in den Menschen, und sie geht mit den Menschen so um, wie man mit Menschen umgeht, in denen Christus ist. Vielleicht können wir doch miteinander dazu helfen, daß die Angst des heutigen Menschen vor der Zukunft sich nicht umsetzt in das dumpfe Verlangen nach dem Gewesenen und Verlorenen.

Was in unseren Kirchen rundum fehlt, ist die Fähigkeit, wahrzunehmen und zu unterscheiden, was heute lebenskräftig ist und was sich zum Sterben neigt. Wer aber das künstlich aufrechthält, was sterben will, kann das, was heute wachsen und lebendig werden will, nicht wahrnehmen.

M. K.: Wie kommt es, daß unser christlicher Glaube, im europäischen Raum jedenfalls, fast stumpf geworden zu sein scheint,

daß christliche Verkündigung kaum noch Beachtung findet? Daß die Gottesdienste leer sind wie lange nicht mehr?
J. Z.: Ich bin nicht so sicher, daß das so gesehen werden muß. Ich glaube eigentlich nicht, daß der Pessimismus, in dem man in der Kirche gerne herumgräbt, sehr berechtigt ist. Denken Sie an die Zeit vor hundert Jahren. Die Soldaten gingen als geschlossene Regimenter in die Kirche. Helm ab zum Gebet. Ich weiß nicht, ob sie, hätten sie die Freiheit gehabt, alle gekommen wären. In christlichen Betrieben gehörte der Gottesdienstbesuch vielfach praktisch zum Arbeitsvertrag. Wer in der Stadt als guter Bürger gelten wollte, ging zur Kirche. Ob es damals mehr Menschen gab, die ernsthaft fromm waren, weiß ich nicht so recht, und ob die Kirchen ohne den Rahmen einer empfehlenswerten Frömmigkeit voller gewesen wären als heute. Es gibt wohl Menschen, die zum Glauben Zugang finden, und andere, denen er fremd bleibt. Und heute, da es mehr schon dem Ansehen förderlich ist, nichts vom christlichen Glauben zu halten, muß es uns nicht wundern, wenn die meisten zu Hause bleiben. Ich hatte immer den Eindruck, wo etwas Zutreffendes gesagt wird, hören die Menschen zu. Heute wie je. Und heute, da der Pfarrer nicht mehr automatisch eine öffentliche Autorität ist, hören sie sorgfältiger zu, prüfender, nachdenklicher.

M. K.: Und wie sieht Frömmigkeit am Ende dieses Jahrhunderts aus?
J. Z.: Unendlich verschieden. Ich sage ja nicht, die Kirche müsse einheitlicher werden oder gar, sie habe in einer einzigen Organisation und Lebensform aufzugehen.

Eine Kirche, die nicht von Autoritäten geführt wird, sondern von vielen Stimmen aus dem Volk Gottes, wird niemals einheitlich sein. Im Gegenteil. Ich bekenne mich mit Nachdruck dazu, daß die Kirche viele Gestalten hat und immer gehabt hat. Auch in der Urchristenheit. Die Einheit der Kirche liegt nicht in ihrer Uniformiertheit, sondern in dem Geist, der sie durchwirkt. Und organisatorische Formen sind gewiß wichtig, aber wir wollen sie doch nicht überschätzen.

Es muß in Südamerika nicht so gelebt und gedacht werden wie in Köln. Eine Gemeinde in Afrika wird anders leben und anders fromm sein als eine im Westerwald. Die Kirche darf so vielgestaltig sein, wie die Menschen sind. Die Freiheit des Geistes ist das Geheimnis ihrer schöpferischen Kraft. Wer diese Freiheit und Farbigkeit eingrenzt, bringt sie in die Gefahr der Erstarrung und des Todes. Paulus spricht einmal von der vielfarbigen Weisheit Gottes. Ich finde es schön, daß es außer Katholiken und Protestanten Quäker gibt und Orthodoxe und Pietisten und viele andere Formen der Frömmigkeit. Als Gott die Welt schuf, schuf er nicht eine Welt einheitlicher Tiere und Pflanzen, sondern eine Welt unendlicher Vielgestaltigkeit, und er gab ihr die Fähigkeit, sich neu zu gestalten zu immer neuen Formen und Arten. Und wenn Gott die Kirche ins Leben rief, dann wollte er offenbar eine Gemeinschaft von verschiedenartigen Menschen, die sich miteinander freuen und miteinander leiden, sich miteinander sorgen, miteinander nachdenken, wirken, erfinden und erproben. Gerade indem sie verschieden sind, sind sie miteinander eine lebendige, eine schöne, liebenswerte Kirche.

Die Kirche soll ein Garten Gottes sein. In einem Garten gibt es nicht nur Salatköpfe, sondern auch Stachelbeeren und Astern. Und auf dieser Erde gibt es nicht nur Zedern vom Libanon, sondern auch Tannen im Böhmerwald, Buchen auf der Schwäbischen Alb und Weinstöcke am Rhein. Das ist das Schöne an dieser Erde, und das wollen wir nicht vereinheitlichen, sondern bewahren.

M. K.: Da klingt manches fast schon prophetisch. Fühlen Sie sich als Prophet?

J. Z.: Das wäre wohl eine Art geistlicher Hochstapelei. Prophetie ist ja nach dem Evangelium selten eine Sache für einen Einzelnen, sie ist eine Gabe der Gemeinde. Prophetie beginnt damit, daß die einen oder anderen und dann immer mehr Menschen sensibel werden. Daß sie anfangen zu horchen. Daß sie auf ein Wort horchen, das noch niemand hat. Sie beginnt mit einem Schauen, das eine Vision erwartet, eine Vision für die Zukunft, die noch nicht deutlich ist. Prophetie ist eine nüchterne und keine verträumte Sache. Sie setzt Sachkenntnis und Zeitnähe voraus. Sie ist mit viel Mühe und konkreter Verantwortung verbunden.

Aber eine der Kräfte, von denen unser Überleben vor allem abhängt, wird die Phantasie sein, die Vorstellungskraft. Die Imagination. Können wir uns künftige Entwicklungen plastisch vorstellen? Reicht unsere Vorstellungskraft aus, damit wir uns die Folgen unseres heutigen Tuns vor Augen stellen können? Reicht unsere Phantasie aus, das Rettende, das Hilfreiche, das Ausgleichende zu erfinden? Wie sollen wir noch Hoffnung für diese Welt bewahren können, wenn es das nicht geben soll: echte Prophetie im Vorausgehen vieler Menschen? Und eine inspirierte Phantasie, eine von Gott selbst geweckte Vorstellungskraft, einen von Gott selbst dem aufmerksamen Menschen gezeigten Weg? Vielleicht können wir so dazu helfen, daß wir alle miteinander den Christus zu Gesicht bekommen, der uns aus der Zukunft, gerade aus der gefährlichen Zukunft, der wir entgegengehen, entgegenkommt.

M. K.: Was könnte eine so inspirierte Gruppe in den Kirchen heute konkret tun? Irgendwo muß es ja anfangen, daß man Prophetie aus der bloßen Möglichkeit hereinholt in das, was man gemeinsam tut.

J. Z.: Ich könnte mir einen bestimmten Versuch vorstellen. Ein Feld des gemeinsamen Lernens waren von jeher die Kirchen- und Katholikentage. Wäre es nicht schön, und wäre es nicht ein Zeichen für das Wirken des Geistes Gottes in der Kirche, wenn es uns gelänge, noch in diesem Jahrtausend, also in den nächsten sechs Jahren, gemeinsam einen gesamtdeutschen evangelisch-katholischen Kirchentag zu feiern? Oder auch in den sechs Jahren nach dem Beginn des Jahrtausends? Als Abschlußfeier sozusagen dieses Jahrtausends und als ein Einläuten des neuen? Ich kann das natürlich nicht fordern, das müssen wir alle gemeinsam wollen. Aber was wir wirklich im Geist Gottes wollen können, dazu wird Gott sein Ja geben, seine Kraft und seinen Segen. Und darauf, Herr Krauss, möchte ich mich verlassen.

10

Zum Schluß: Persönliches

M. K.: Herr Zink, warum sind Sie eigentlich ein Christ?

J. Z.: Weil Gott mich dahin geführt hat. Ich bin ein Christ geworden, obwohl meine Eltern fromme Menschen waren, obwohl ich als Kind viel in die Kirche gegangen bin. Obwohl ich ein Drittel aller Gesangbuchlieder als Kind auswendig lernen mußte. Obwohl ich das schreckliche Versagen der Kirche im Dritten Reich mitangesehen habe. Obwohl ich in den schwierigsten Situationen meines Lebens als Soldat nie die Stimme eines Christen gehört habe. Obwohl ich natürlich alles kenne, was die Geschichte des Christentums von 2000 Jahren so unendlich fragwürdig macht. Obwohl ich in mir immer auch den anderen habe, der kein Christ ist, sondern wie alle anderen sein Leben zu sichern sucht. Ich bin manchmal erhoben und beglückt von all den Worten und den Verheißungen, die uns auf diesem Lebensweg mitgegeben sind, und gehe fröhlich in die Zukunft. Dann geschieht es plötzlich, daß ich fast nichts mehr damit anfangen kann. Dann stehe ich dem unbekannten Gott gegenüber. Ich bin also weniger ein Christ als vielmehr ein Zeitgenosse von Gläubigen und Ungläubigen. Und darum waren und sind mir die Ungläubigen mein ganzes Leben lang so wichtig gewesen.

M. K.: Sie haben gesagt, eine der wichtigen Absichten in Ihren jungen Jahren sei der Gedanke gewesen, es müsse Ihnen gelingen, »aus einem Stück zu sein«. Ist es Ihnen gelungen?

J. Z.: Haben Sie schon einmal einen Menschen gesehen, der aus einem Stück war? Ich nicht. Wir sind alle geteilt in die Kreuz und Quere. Das sieht man spätestens beim Rückblick. Aber man leidet auch schon ein ganzes Leben lang daran. Nur: Sie dürfen nicht verkennen: Wenn ein junger Mensch sich das vornimmt, dann hat er etwas Wichtiges getan. Und wer es sich nie vornimmt, dem fehlen entscheidende Gesichtspunkte, wenn er sich selbst prüfen will oder muß. Aus der Erfahrung unserer tausendfältigen Spaltungen wächst am Ende das, was wir Weisheit nennen. Wenn nämlich Weisheit mehr ist als Altersklugheit. Wenn sie lehrt, barmherzig mit Menschen umzugehen.

In der Aula unserer Schule, ehe sie in Schutt und Trümmer sank, lasen wir vor sechzig Jahren an der Wand eine lateinische Schrift, die man auf deutsch so wiedergeben kann: Wage es mit dem Wissen, oder: Wage es, weise zu sein, oder: Nimm es auf mit der Weisheit. Sapere aude.

Nach der Bibel besteht Weisheit ja in der praktischen Kunst, Entscheidungen zu treffen, ein Ziel anzusteuern, mit dem Leben zurechtzukommen und seinen Sinn nicht aus den Augen zu verlieren. Wenn einer sagen kann, warum er das eine für richtig, das andere für falsch hält und diese Unterscheidung praktisch durchzieht, dann sagt die Bibel von ihm, er sei auf dem Weg zur Weisheit. Vielleicht hat einer als junger Mensch die Vorstellung, es müsse möglich sein, das Ganze des Daseins zu verstehen. Und vielleicht merkt einer, der ans Ende seiner Lebenszeit kommt, daß andere Dinge wichtiger sind als das Verstehen und daß unser Wissen auf alle Fälle klein ist. Beides aber kann eine dem Alter entsprechende Weisheit sein.

M. K.: Von Weisheit spricht man heute kaum mehr irgendwo. Irgendwie hat unsere Zeit vor diesem Ansinnen, der Mensch müsse etwas wie Weisheit erringen, resigniert.

J. Z.: Das ist unnötig. Weisheit kann darin bestehen, daß einer das Ganze der Welt aus einem Gedanken versteht, einem einzigen, der für alles gilt, was wir wahrnehmen oder denken. Weisheit kann darin bestehen, daß einer in den Menschen eine Ganzheit sieht, die sie noch nicht erreicht haben. Oder darin, in sich selbst eine Ganzheit wahrzunehmen, die er so lange vermissen wird, wie er in dieser Welt ist, und also alles, das ist und geschieht, aus einer Hoffnung heraus zu begreifen.

M. K.: Das ist eine Hoffnung, die wohl nur Sinn hat, wenn einer das Evangelium ernst nimmt?

J. Z.: Gewiß. Das Evangelium redet ja nicht so sehr von der Weisheit des Menschen, sondern von der Güte Gottes.

Es spricht von der Entlastung dessen, der sich selbst zur Last wird. Von der Befreiung dessen, der an das Ende seiner Freiheit kam. Von der Heilung dessen, der unter seiner eigenen Zerrissenheit leidet.

Das Evangelium spricht davon, nach dem Ende der menschlichen Moral beginne ein neuer Weg der Einübung. Der geschehe nach Maßstäben, die dem menschlichen Hirn zunächst absurd scheinen mögen. Da redet es von der Preisgabe der Freiheit, durch die eine neue Freiheit gewonnen werde. Es sagt, die Überwindung der Gewalt geschehe durch Gewaltlosigkeit. Die Überwindung der Feindschaft geschehe auf dem Wege über die Liebe zum Feind. Das Geheimnis des Lebens eröffne sich auf dem Wege des Einvernehmens mit dem Tode. Es redet von Selbstaufgabe, durch die einer sich selbst erst gewinne. Von der Preisgabe des eigenen Lebensrechts, durch die einer das Leben überhaupt erst finde. Von Machtverzicht, durch den einer in einer Welt, in der sich alles um Macht dreht, erst glaubwürdig werde. Da wird alles sehr paradox und begreiflich erst durch das, was das Neue Testament die »Weisheit des Kreuzes« nennt. Die Weisheit des Christus. Aber das ist natürlich keine Erfindung der Reformation gewesen, sondern gemeinsames Gut der Christen in 2000 Jahren. Die Reformation hat nur daran erinnert.

M. K.: Aber wir haben von der Gespaltenheit geredet. Wenn das alles so ist, kann einer dann noch mit Zuversicht und Fröhlichkeit tätig sein? Nimmt ihm das nicht allen Mut?

J. Z.: Diese Weisheit des Kreuzes ist eine gebrochene Weisheit, eine gebrochene Einsicht in die wirklichen Zusammenhänge und Hintergründe des Daseins. Als ich nach dem Krieg zum ersten Mal wieder im Ulmer Münster stand, ergriff mich, anders als zuvor, die Gestalt des »Schmerzensmannes« von Multscher aus dem 15. Jahrhundert. Diese hochsensible Gestalt des Christus, der unter der Welt, wie sie ist, unter den Menschen vor allem, leidet. Aber ich dachte damals: Wenn uns diese gebrochene Menschengestalt vor Augen steht, dann können wir uns aufrichten und uns selbst und die Welt sehen, ohne Illusionen nötig zu haben. Wir können zufassen und etwas Rechtes tun in unseren Jahren auf dieser Erde. Wir können eintreten für das Recht und die Freiheit der Menschen. Wir wissen, wohin wir gehören. Wir brauchen in der allgemeinen Depressivität unserer heutigen Gesellschaft nicht unterzugehen.

M. K.: Das bedarf aber noch einer Gegenfrage. Es müßte einem Menschen, der bis hierher gekommen ist, eine Kraft zugekommen sein, die er aus sich selbst nicht hat. Was ist das für eine Kraft? Es ist doch nicht selbstverständlich, daß einer sich aus seiner gebeugten Gestalt aufrichten kann.

J. Z.: In der Tat, nein. Das ist nicht selbstverständlich. Aber am Anfang meiner Gedanken über den Berufsweg eines Pfarrers stand noch etwas ganz anderes. Ein Erlebnis meiner Kindheit. Meine Familie ging oft den weiten Weg von einem Vorort von Ulm in das Münster zum Gottesdienst. In diesem Münster gibt es über der Kanzel einen Kanzeldeckel, der sich wie eine schmale Zypresse hoch in den Raum des Mittelschiffs emporreckt. In der filigranen gotischen Holzschnitzerei geht eine kleine Wendeltreppe nach oben. Sie führt zu einer Kanzel, einer kleineren, die in dem Flechtwerk versteckt ist. Damals erklärte mir der alte Prälat einmal, was der Sinn dieser kleinen Kanzel sei. Sie sei die eigentliche Kanzel und wichtiger als die große unten, auf der der Pfarrer steht. Von ihr spreche kein Mensch herab, sie sei dem Geist Gottes vorbehalten. Und erst dadurch, daß der Geist Gottes selbst zu den Menschen unten im Kirchenschiff spreche, werde das wahr, was der Pfarrer auf der unteren Kanzel sagt. Wenn die Menschen etwas begreifen, wenn sie fröhlicher und dankbarer werden, wenn ihnen ihre Lasten abgenommen werden und sie Hoffnung finden, dann sei das das Werk des Geistes Gottes. Und ich fand, wenn das so sei, dann könne wohl kein Pfarrer so viel Unsinn reden, daß den Menschen in den Bänken dabei die Wahrheit ganz verlorengehe. Wenn das also so sei, dann könne einer es wagen, sein Leben als Pfarrer zu verbringen.

Vielleicht ist dieser Kanzeldeckel überhaupt der schönste, den es irgendwo auf dieser Erde gibt. Mir hat er vor fast sechzig Jahren eine der großen Einsichten mitgegeben, die mich am Ende auf meinen Weg als Pfarrer geführt haben. Und ich empfinde es jedesmal als beglückend, wenn er dann und wann, selten genug, in meinen alten Tagen noch einmal über mir steht.

M. K.: Wovon träumt der älter werdende Jörg Zink?
J. Z.: Bei Nacht oder bei Tag?

M. K.: Bei Tag und bei Nacht. Sie leben ja weitgehend von Tagträumen, wie man merkt.
J. Z.: Ja, sicher, nur muß ich wissen, welchen Sie meinen, den Tagtraum oder den Nachttraum. Immerhin: Wer nicht mehr träumt, hat auch keine Kraft mehr zu kämpfen. Welchen meinen Sie?

M. K.: Jetzt wüßte ich auch gern etwas über Ihre Nachtträume.
J. Z.: Also meine Nachtträume sehen so aus, daß ich meinetwegen unter Wasser schwimme in einem wunderschönen grünen Meer und da goldenen Fischen begegne und die begrüße, und die Fische begrüßen mich, und ich schwimme weiter und fühle mich wohl. Das ist der Traum, den ich immer mal wieder habe. Vielleicht ist das ein Zeichen dafür, daß mein Unterbewußtsein mit mir in einigem Frieden lebt.

M. K.: Deuten das die Traumpsychologen so?
J. Z.: Ich weiß es nicht.

M. K.: Interessiert Sie das auch nicht?
J. Z.: Nicht so schrecklich. Ich fühle mich wohl in einem solchen Traum, und das ist mir ein Zeichen für ein ganz gutes Signal.

Bei Tag träumen – es ist schwierig, von etwas zu träumen, wenn man so real in einer problematischen Situation ist, wie die Menschheit heute. Ich habe, als ich pensioniert war, davon geträumt, ich würde vor meiner Hütte sitzen in der Sonne und mich wohl fühlen und zuschauen, wie die Bäume wachsen und wie da eben eine Rückkehr stattfindet in eine Art pflanzliches Dasein. Diese Träume haben sich bis jetzt nicht erfüllt.

M. K.: Und werden sich vermutlich auch nie erfüllen. Aber nehmen Sie an, es sagte Ihnen eines Tages jemand: Das mit dem Christentum ist doch alles nur ein Traum, mit dem Sie sich selbst getröstet haben. Was würden Sie tun, wenn Ihnen das vielleicht eines Tages auch selbst aufginge und Sie vor der Tatsache stünden, daß Sie ein Leben lang für eine Illusion eingetreten sind?

J. Z.: Dann würde ich noch lange sagen: Was für ein guter und sinnvoller Traum! Es gibt doch nichts Fruchtbareres als die großen Tagträume, die die Menschheit begleiten. Alles, was neu ist und hilfreich, stammt aus einem solchen Traum. Die Französische Revolution war ein einziger Tagtraum von Freiheit, Gleichheit und Brüderlichkeit. Ihre kurzschlüssigen Illusionen waren schnell verbraucht, aber in der langfristigen Wirkung war die Französische Revolution von ungeheurer Durchschlagskraft, über die Arbeiterbewegung und bis in unsere Tage einer sozialen Marktordnung und Staatsauffassung.

Und was mich selbst betrifft: Wenn das ganze Christentum eine einzige Illusion sein sollte, dann hätte mich diese Illusion immerhin davor bewahrt, auf den Hund dieser Zeit und ihrer Moden zu kommen, und es hätte mich an die Punkte gestellt, an denen heute politisch und geistig gekämpft werden muß und an denen heute ein sinnvolles Menschenleben gefunden werden kann. Ich wäre dem Christentum noch immer sehr dankbar für die Wahrheit, die es mir eröffnet, und für die Kraft der Hoffnung, die es mir vermittelt hat.

Aber Sie dürfen beruhigt sein, das Christentum ist wesentlich mehr als ein fruchtbarer Tagtraum, und ich glaube nicht, daß ich solche Rettungsringe nötig habe wie den, das Christentum sei auch als Illusion noch etwas wert.

Ein Kind unserer Jugendfarm kam neulich gelaufen, siebenjährig, und sagte: »Jetzt baue ich mir hier eine Hütte. Und drüben im Garten, da stecke ich einen Apfelkern in mein Beet. Dann kann ich mir immer wieder, wenn ich baue, einen Apfel holen.«

Das Kind machte sich nicht klar, daß es ein im Grunde unüberbietbares Gleichnis geschaffen hatte. Es wollte bauen. Es wollte arbeiten. Und damit es die Kräfte für seine Arbeit erneuern konnte, wenn es müde wurde, steckte es einen Kern in die Erde. Es bezog seine Kraft aus der Hoffnung, die es in die Erde steckte. Es bezog seine Kraft von einem Baum, den es noch nicht sah. Es bezog seine Kraft von einer Frucht, die in einer fernen Zukunft einmal reifen würde. Und es begab sich an die Arbeit, nahm Latten und Pflöcke und Schwarten und baute sein Haus.

M. K.: Herr Dr. Zink, Sie sind ein so aktiver Mensch, von morgens bis abends voller Kreativität und Schaffenskraft, des Schreibens, des handwerklichen Könnens voll, könnten Sie sich vorstellen, eines Tages nicht mehr produzieren zu können?

J. Z.: Selbstverständlich kann ich mir das vorstellen. Ich brauche nur noch ein bißchen müder zu werden als ich jetzt bin, und das kann jederzeit geschehen. Kein Mensch, der so auf den Ausgang seines Lebens hinlebt wie ein Zweiundsiebzigjähriger, kann sich einbilden, es ginge so weiter bis ins Unendliche, er muß sich darauf einstellen, daß er reduziert. Und das würde mich auch nicht weiter stören. Ich würde mir dann sagen: Jetzt hast du dein Werk getan, jetzt darfst du ausschlafen oder ausruhen. Jetzt mußt du nichts mehr tun. Ich hänge doch nicht von dem ab, was ich mache, sondern ich bin einer, der etwas macht. Und wenn ich einer bin, der nichts mehr macht, bleibe ich mit mir identisch. Ich bin doch nicht der, der in die große Krise fallen muß, wenn ihn die Kräfte verlassen. Ich habe schon Verschiedenes hinter mir und habe immer wieder erlebt, daß ich mich mal wieder im Krankenhaus vorgefunden habe. Das hat mich auch damals nicht weiter gestört. Im Krankenhaus kann man sich auch Gedanken machen, solange einem nicht zuviel wehtut. Nein, das Leben, das ich jetzt führe, führe ich bewußt auf Zeit, nämlich so lange, bis ich die Grenzen spüre, die mir Gott setzt. Und dann muß ich sehen, ob das, was ich ein Leben lang gesagt habe, was ich auch zu Kranken und was ich zu Sterbenden gesagt habe, auch für mich gilt. Ob das standhält. Und ob ich glaubwürdig bleibe. Was ich dann für ein Bild biete. Das weiß ich doch gar nicht. Ich habe noch keinen Krebs gehabt, ich weiß nicht, wie ich den durchstehe. Ich hoffe, mit Anstand.

M. K.: Darf man als Christ auch mit seinem Glauben in Schwierigkeiten geraten, daß man eben – Sie haben das Stichwort Krebs aufgegriffen – eines Tages vielleicht, salopp gesprochen, mit seinem Glauben ganz schön ins Schleudern geraten kann, wenn man plötzlich in eine Situation hineingerät, von der man vorher dachte, sie würde einen nie treffen? Können Sie sich vorstellen, daß mit zunehmendem Alter auch die Kräfte des Glaubens abnehmen?

J. Z.: Natürlich. Das weiß doch jeder. Ich laufe heute hundert Meter nicht mehr in 11,5 Sekunden. Die Kräfte nehmen ab, das ist normal, das ist richtig, das muß in ein Leben integriert werden können, und das muß im Stil eines Lebens, wie es geführt wird, zum Ausdruck kommen. Natürlich ist es mühsam und schwierig, dazu ja zu sagen. Ich habe dieser Tage einen Aufsatz gelesen, den Karl Rahner für Walter Dirks geschrieben hat, als sie beide über achtzig waren. Darin spricht Rahner in einer ergreifenden Weise von der Mühe, die er jetzt mit sich selbst hat. Er sagt, es gibt eine Art von Altersdepression, die etwas Unchristliches an sich hat, eine Art von Hoffnungslosigkeit, Müdigkeit, von Nicht-mehr-Können, und er weiß nicht, ob er, wenn er noch älter wird, mit dieser Altersdepression, dieser primitiven, allgemeinmenschlichen, noch fertig wird. Eigentlich müßte er es können, denn er habe ein Leben lang über den christlichen Glauben geredet und habe ihn mitvollzogen und in ihm gelebt. Aber, sagt er, selbst wenn ich es nicht schaffe, meinen Glauben festzuhalten, dann weiß ich, daß Gott nichts von mir verlangen wird, was ich nicht kann, und daß mir dann auch dies erlassen ist. Daß ich dann in meiner ganzen Zerbrochenheit vor Gott treten und glücklich sein kann.

M. K.: Können Sie sich vorstellen, daß Ihr Leben auch einmal rascher zu Ende geht, als Sie sich das wünschen?
J. Z.: Ich kann mir vorstellen, daß ich heute abend um acht einen Herzinfarkt habe. Ich kann mir vorstellen, daß mich am nächsten Sonntag ein Schlaganfall trifft. Ich kann mir vorstellen, daß mir in vierzehn Tagen ein Arzt bescheinigt, ich hätte einen Krebs. Woher will ich wissen, daß es nicht so kommt? Ich weiß doch aus vielfältiger Erfahrung, wie solche Ereignisse die Menschen plötzlich überfallen, mittendrin. Natürlich kann ich mir vorstellen, daß ich plötzlich am Ende bin. Ich hoffe, daß ich dann am Ende bin, wenn ich zugleich am Ende einer bestimmten Arbeit bin und sie noch abschließen kann. Und wenn nicht, dann ist das ein Zeichen dafür, daß das Buch, das ich eben schreibe, von den Menschen nicht gebraucht wird. Wenn es gebraucht würde, dürfte es entstehen.

M. K.: Sie haben in Ihrem Leben sehr viel erreicht. All Ihre Träume sind ja im wahrsten Sinne des Wortes in Erfüllung gegangen. Gibt es da dennoch etwas im Leben von Jörg Zink, wo Sie sagen würden, das habe ich nicht erreicht?
J. Z.: Ach, ich habe vieles nicht erreicht. Ich brauche nur jede einzelne Phase meines Lebens durchzugehen und zu fragen: Was ist denn damals schiefgegangen, als ich in der Jugendarbeit war? Welchen jungen Menschen habe ich damals enttäuscht, oder was

habe ich bei welcher Sitzung versiebt? Da kann ich doch jede Menge aufzählen. Alles, was wir machen, ist eine Mischung aus Gelingen und Mißlingen. Es gelingt nichts hundertprozentig. Auch in diesem Gespräch nicht. Wenn ich aber dann sage: Deshalb ist alles nichts gewesen, dann wäre das auch wieder falsch. Manches andere ist etwas geworden und ist gelungen. Bis an mein Lebensende werde ich eine Mischung erleben aus Gelingen und Mißlingen, aus Kräften, die ich spüre, und Kraftlosigkeit, die ich empfinde. Und eines Tages wird die Kraftlosigkeit gewonnen haben.

M. K.: Dazu sagen Sie ja?
J. Z.: Ach ja, warum denn nicht? Ich habe fünfzig Jahre länger gelebt als alle meine Kameraden, fast alle. Warum soll ich jetzt anspruchsvoll werden und sagen, ich möchte aber sechzig oder siebzig Jahre länger leben als sie? Das, was ich bekommen habe, ist so ungeheuer viel, daß ich es nur mit Dankbarkeit entgegennehmen kann, auch mit all seinen Grenzen.

M. K.: Haben Sie Angst vor dem Tod?
J. Z.: Nein. Das kann ich klar sagen. Naja, die Art des Todes kann einen erschrecken. Dazu habe ich zu oft die Art des Todes erlebt, die über einen Menschen verhängt sein kann. Aber vor dem Tod selbst nicht. Der Tod ist ein Übergang in irgendeine andere Art von Leben, das ich jetzt noch nicht beschreiben kann und auf das ich mich freue. Ich bin sehr gespannt, wie es aussieht auf der anderen Seite des Daseins. Wenn ich dann drüben bin, dann werde ich vielleicht feststellen: Ja, das ist eigentlich so ähnlich, wie ich es mir vorgestellt habe, oder ich werde merken: Es ist völlig anders, und ich werde es so annehmen, wie es dann ist.

M. K.: Was würden Sie den Menschen sagen, die Angst haben vor dem Tod?

J. Z.: Das kann ich schlecht »den Menschen« sagen. Das kann ich vielleicht einzelnen sagen, wenn ich ihre Angst vor mir habe. Das kann ich vielleicht dann sagen, wenn mich ein Mensch darauf anspricht, konkret. Aber nicht generell.

Das Natürliche ist, daß der Tod angst macht, und ich verstehe gut, daß viele ihn, so gut es geht, verdrängen und verschweigen. Es fehlt eben die Kraft, ihm entgegenzusehen.

Umgekehrt verstehe ich sehr gut, daß es Menschen gibt, denen ihr Schicksal zu schwer ist und die sich nach dem Tod sehnen. Es fehlt die Kraft, es mit dem Leben noch einmal aufzunehmen. Und seit man uns erzählt, wie schön das Sterben sei, sehnen sich immer mehr Menschen nach dieser wunderbaren Erlösung, nach diesem Ausweg.

Aber Jesus hat uns nicht gesagt, wir sollen beten: »Erlöse uns vom Leben!« Sondern: »Erlöse uns vom Bösen!« Nicht: »Laß mich möglichst schnell in den Himmel kommen!« Sondern genau umgekehrt: »Dein Reich komme zu uns!«

Die wichtigere Frage ist also die, wie wir mithelfen können, daß das Reich Gottes mit seiner Gerechtigkeit auf dieser Erde Platz greifen kann. Denn wir sind auf diese Erde gestellt und haben hier noch etwas zu tun. Die Welt braucht unseren Mut und unsere Kraft, und die Menschen um uns her sind auf unser Stehvermögen angewiesen.

Ich kann nur sagen: Leute, ehe ihr in der Träumerei vom schönen Tod versinkt, vertraut doch erst einmal den gesunden Kräften, die ihr möglicherweise noch habt. Und das heißt dem Auftrag, den euch Gott morgen früh wieder vor die Füße legt, auf die Matte vor eurem Haus sozusagen.

Nun begleitet mich seit langer Zeit ein kleines Märchen. Ich weiß nicht mehr, woher es stammt:

»Ein Hirt saß bei seiner Herde am Ufer des großen Flusses, der am Rande der Welt fließt. Wenn er Zeit hatte und über den Fluß schaute, spielte er auf seiner Flöte. Eines Abends kam der Tod über den Fluß und sagte: ›Ich komme, um dich auf die andere Seite mitzunehmen. Hast du Angst?‹ – ›Warum Angst?‹ fragte der Hirt. ›Ich habe immer über den Fluß geschaut, seit ich hier bin. Ich weiß, wie es dort ist.‹ Und als der Tod ihm die Hand auf die Schulter legte, stand er auf und fuhr mit ihm über den Fluß, als wäre nichts. Das andere Ufer war ihm nicht fremd, und die Töne seiner Flöte, die der Wind hinübergetragen hatte, waren schon da.«

»Ich habe immer hinübergesehen«, sagt der Hirt. Vielleicht fragen Sie mich, wie man das macht, was das Märchen in seiner zarten Poesie »hinübersehen« nennt. Im Grunde ist es ein Stück einfacher Lebenskunst, immer wieder über die Grenzen hinauszudenken, die uns Menschen gesteckt sind. Wir sehen ja nie das Ganze. Wir wissen nie alles. Die Welt ist immer noch größer, als wir meinen, und hat mehr Geheimnisse, als unsere Schulweisheit sich träumen läßt. Und manches beginnen wir erst zu ahnen, wenn wir uns an das Ufer setzen, an dem unser Wissen endet.

Dabei wird uns auch deutlich, daß der Tod ein Übergang ist. Das Märchen sagt: ein Wasser, das wir überqueren. Und wenn wir uns dann der Geschichte erinnern, die erzählt, Christus sei vom Tode auferstanden, dann finden wir am Ende gar nichts Merkwürdiges mehr daran.

Es verändert sich auch vieles, das wir bisher für wichtig oder unwichtig gehalten haben. Manches, mit dem man in dieser Welt keine großen Erfolge erzielt, wird wichtig. Am Ende sind nur noch die Dinge des Herzens von Bedeutung. »Einzig die Liebe bleibt«, sagt die Bibel. Und das Märchen sagt: Was in uns zu klingen anfängt, das nimmt der Wind über den Fluß. Das ist da, wenn wir ankommen, und macht uns die andere Welt vertraut.

M. K.: Was ist nach Ihrer Auffassung als Sinn des Lebens anzusehen?

J. Z.: Die Frage nach dem Sinn ist eine uralte menschheitliche Frage. Typisch für sie ist, daß es keine Antwort darauf gibt. Es gibt viele Versuche, es gibt viele Deutungen, aber sie sind immer zeitgebunden, sie sind vergänglich, sie werden überholt, sie werden vermischt mit anderen, und dann erheben sie sich neu. Aber es sind Antworten, von denen keine den Anspruch erheben kann auf ewige Gültigkeit. Wenn ich vom Sinn eines Menschenlebens spreche, dann muß der irgendwie ähnlich sein zwischen dem eines Steinzeitmenschen und dem eines Menschen des Mittelalters und heute. Ein Sinn des Lebens muß doch durchhalten, es kann doch der Sinn des Lebens nicht plötzlich verändert werden. Wenn ich die Bibel bemühen darf: Die Bibel kennt diesen Ausdruck überhaupt nicht. Wenn sie vom Sinn spricht, dann spricht sie von Erfüllung. Oder sie spricht vom Segen Gottes. Das heißt davon, daß etwas in ein Menschenleben hineinkommt, was von Natur nicht drin ist und was dieses Menschenleben sinnvoll und gut und schön und fruchtbar macht, aus dem etwas entstehen kann, etwas wachsen, etwas sich ändern. An der Stelle, an der ein normaler nachdenklicher Mensch die Frage nach dem Sinn des Lebens stellt, steht für die Bibel der Gedanke, es komme von Gott her, durch Gnade, etwas hinein, das dem Menschenleben nicht von Natur zukommt. Eine Bewahrung, eine Führung, ein Segen, und darauf hin würde ich einen Menschen, der mich nach dem Sinn fragt, führen. Ich würde ihm sagen: Du kannst dir natürlich einen Sinn ausdenken. Es kommt aber auf etwas ganz anderes an. Nicht was in unserem Leben beschlossen liegt, sondern was von außen sozusagen, von oben, von vorn oder woher immer, in unser Leben hineinkommt, das ist das eigentlich Befreiende, das eigentlich Erlösende.

M. K.: Hatten Sie in diesem Sinne ein erfülltes Leben?
J. Z.: O ja. O ja. Wenn ich auf mein Leben zurücksehe, so sind die menschlichen Beziehungen in der Familie, unter Freunden, sehr reich gewesen. Wenn ich zurücksehe, sehe ich vielerlei Aufgaben, denen ich zum Teil gewachsen war, zum Teil nicht, aber die immer wieder andere Kräfte in mir geweckt haben, eine andere Phantasie, eine andere Methode, mit ihnen umzugehen. Und ich habe sehr viel Echo gehabt. Es gibt unzählig viele Menschen, die mir Briefe geschrieben haben, mich angeredet haben, mir zugestimmt haben. Was kann ich mehr verlangen? Wenn ich überhaupt

etwas verlangen will. Ich halte es allerdings für falsch, vom Leben etwas zu verlangen. Man kann von seinem Leben etwas erhoffen. Man kann in seinem Leben für etwas dankbar sein, aber man kann vom Leben nichts verlangen. Und wenn ich sehe, was ich erhofft und erreicht habe und für was ich heute dankbar bin, dann war es ein reiches Leben.

Und den jungen Leuten, die dies vielleicht lesen, möchte ich wünschen, daß sie in fünfzig oder sechzig Jahren sagen können: Ich bin dankbar für ein reiches Leben. Nicht, weil alles so richtig war, was ich gesagt oder getan habe, sondern weil ich es alles Gott anheimgeben darf und darauf vertrauen, daß er es beiseitelegen wird. Daß er sagen wird: Laß es alles hinter dir und komm in den Frieden. Komm in die Wahrheit. Komm ins Leben. In das Leben, das bleibt.

M. K.: Was bedeutet Ihnen das Wort Glück?

J. Z.: Glück ist etwas Schönes. Glück ist etwas Erstrebenswertes. Ich glaube, daß Glück, ein gewisses Maß an Glück die Voraussetzung ist für ein menschliches Leben, und ich glaube auch, daß das Glück einen bestimmten Sinn hat, denn nur glückliche Menschen werden Glück um sich verbreiten. Und wenn wir Menschen sind, die mitfühlende Wesen sind, werden wir merken, wieviel Glück von uns verlangt wird, um uns her, wieviel Glück wir verbreiten sollten. Und wenn wir wissen, daß wir das nur tun, wenn wir mit uns selber im reinen sind, wenn wir mit unserem Leben und dem Ergebnis unseres Lebens oder mit den Begleitumständen unseres Lebens einverstanden sind, dann wird uns das Glück wichtig.

M. K.: Was würden Sie den Menschen antworten, die sagen, ich habe keinen Grund zur Dankbarkeit. Ich habe keinen Grund, noch Hoffnung zu haben. An mir ist das Leben vorbeigegangen?

J. Z.: Da kann ich wieder nur sagen, das kommt auf den Menschen an, der mir begegnet. Ich würde zu verschiedenen Menschen möglicherweise sehr verschiedene Dinge sagen.

Zu einem, der einfach verwöhnt ist und nicht gelernt hat, sich einmal für irgend etwas anderes einzusetzen, würde ich etwas ganz anderes sagen als zu einem Menschen, der in der Depression hängt und nicht aus ihr herauskommt. Da gibt es keine Antworten, es gibt nur heilende Gespräche, wenn es gelingt, sie zu führen.

M. K.: Eine Frage zum Schluß:
Gibt es ein Wort irgendeines großen Menschen, das für Sie eine wichtige Rolle gespielt hat?
J. Z.: Es gibt viele. Vielleicht das von Leonardo da Vinci: »Binde deinen Karren an einen Stern.« Das heißt, laß dich von einer Kraft ziehen, die nicht von dieser Welt ist, damit du die Welt veränderst.

Jörg Zink
Erinnerungen
Sieh nach den Sternen - gib acht auf die Gassen
Kreuz Verlag